Haruyuki Saito

Die faszinierende deutsche Grammatik
— neu —

コトバそしてドイツ語文法

Asahi Verlag

音声ストリーミング・補足教材ダウンロード

https://text.asahipress.com/free/german/kotoba-soshite/

 マークの音声は、こちらのホームページからストリーミング再生でお聞きください。

音声ダウンロード

 音声再生アプリ「リスニング・トレーナー」

朝日出版社開発の無料アプリ、「リスニング・トレーナー（リストレ）」を使えば、教科書の音声をスマホ、タブレットに簡単にダウンロードできます。

まずは「リストレ」アプリをダウンロード

» **App Store** はこちら » **Google Play** はこちら

▼ アプリ【リスニング・トレーナー】の使い方

① アプリを開き、「**コンテンツを追加**」をタップ

② QR コードをカメラで読み込む

③ QR コードが読み取れない場合は、画面上部に **25487** を入力し「**Done**」をタップします

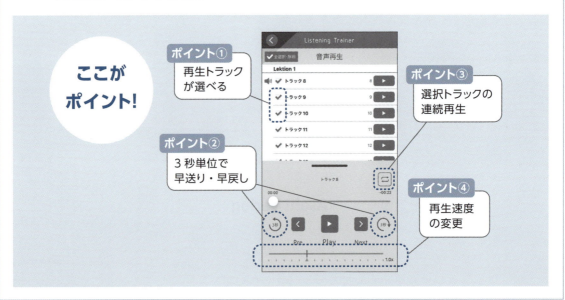

QRコードは㈱デンソーウェーブの登録商標です

はじめに

　言語はコミュニケーションの手段としても思考の手段としても用いられ、それぞれ外的および内的言語と呼ばれています。その両方に共通するのは、脳内に形成される観念あるいは概念を言語という形式に置き換えるという手続きです。

　概念は一般に意味と呼ばれるものですが、それには「山」、「川」のような語が表す語彙的な意味と「現在時制」、「完了時制」あるいは「単数」、「複数」のような文法的意味が存在します。概念を言語化する際にはこの両方の意味を音・形態・文に転換する作業が行われます。

　現実の世界あるいは観念の世界の分割方法は言語によって様々であり、例えば色彩を表す語彙が2つしかない言語もあれば、太陽光のスペクトルの何倍もの色彩の細分化を行う言語もあります。

　文法的意味に関しても同様で、日本語には語形変化による単数・複数の区別はありませんが、ドイツ語を含むヨーロッパの多くの言語にはその区別が存在します。

　また、時制に関しても日本語は過去・非過去という比較的単純な形式に基づいていますが、例えばドイツ語では現在・過去・現在完了・過去完了・未来・未来完了という6つの時制が区別されています。

　外国語を学習するというのは言語におけるこのような分割方法がどのような形式に対応するかを正しく把握することであると定義できます。本書では現実世界および観念世界の分割物である意味と形式との対応を明らかにすることに重点をおいています。

　また、各課の間の内容に関連をもたせるために、⇒によりお互いに関係のある項目を結び付けています。

　なお、本書は前著『面白いぞドイツ語文法』をもとに書き改めたものです。

目 次

		Das Alphabet／ドイツ語の発音	ページ
Lektion 1		動詞の現在人称変化、人称代名詞（1）	1
Lektion 2		格と人称代名詞（2）、冠詞・名詞の単数形、動詞と構文	7
Lektion 3		冠詞・名詞の複数形	12
Lektion 4		不規則動詞の現在人称変化、数詞	17
Lektion 5		不定冠詞類の格変化、前置詞と格支配	22
Lektion 6		定冠詞類の格変化、否定文	28
Lektion 7		話法の助動詞、未来形	34
Lektion 8		形容詞の格変化、形容詞の名詞的用法	40
Lektion 9		動詞の3基本形と過去人称変化	46
Lektion 10		完了時制	51
Lektion 11		接続詞	57
Lektion 12		分離動詞と非分離動詞、命令法	63
Lektion 13		不定詞の用法	68
Lektion 14		分詞の用法	74
Lektion 15		形容詞と副詞の比較	80
Lektion 16		受動態、非人称動詞（非人称の es）	86
Lektion 17		再帰代名詞、再帰動詞	92
Lektion 18		関係代名詞、指示代名詞、不定代名詞	97
Lektion 19		接続法Ⅰ式	104
Lektion 20		接続法Ⅱ式	109
		主要不規則動詞変化表／索引	

Das Alphabet

A	a	𝒜	a	aː	Q	q	𝒬	q	kuː
B	b	ℬ	b	beː	R	r	ℛ	r	ɛr
C	c	𝒞	c	tseː	S	s	𝒮	s	ɛs
D	d	𝒟	d	deː	T	t	𝒯	t	teː
E	e	ℰ	e	eː	U	u	𝒰	u	uː
F	f	ℱ	f	ɛf	V	v	𝒱	v	faʊ
G	g	𝒢	g	geː	W	w	𝒲	w	veː
H	h	ℋ	h	haː	X	x	𝒳	x	ɪks
I	i	𝒥	i	iː	Y	y	𝒴	y	ýpsilɔn
J	j	𝒥	j	jɔt	Z	z	𝒵	z	tsɛt
K	k	𝒦	k	kaː					
L	l	ℒ	l	ɛl	Ä	ä	𝒜̈	ä	ɛː
M	m	ℳ	m	ɛm	Ö	ö	𝒪̈	ö	øː
N	n	𝒩	n	ɛn	Ü	ü	𝒰̈	ü	yː
O	o	𝒪	o	oː					
P	p	𝒫	p	peː			ß	ß	ɛs-tsét

ドイツ語の発音
文字と音声記号の対応関係

§1 母音（Vokale）

a	[a][a:]	Tag [ta:k] 日	Name [ná:mə] 名前	alt [alt] 年老いた	Mann [man] 男性、夫
e	[e:][ɛ][ə]	gehen [gé:ən] 歩いて行く	Leben [lé:bən] 生命、生活、人生	essen [ɛ́sən] 食べる	Fest [fɛst] 祭り、祝宴

（あいまい母音 [ə] はアクセントのない e に現れ、さらに脱落した場合には子音 n があいまい母音の代わりに音節主音（Sonant 鳴音）となり ṇ と発音される。発音に注意！ guten Tag グーテン・タークとはならない）

i	[i:][ɪ]	mir [mi:ɐ̯] 私に	Kino [kí:no] 映画（館）	finden [fíndən] 見つける	Tinte [tíntə] インク
o	[o:][ɔ]	wo [vo:] どこで	loben [ló:bən] ほめる	Gott [gɔt] 神	hoffen [hɔ́fən] 期待する
u	[u:][ʊ]	Hut [hu:t] 帽子	Blume [blú:mə] 花	unter [ʊ́ntɐ] 〜の下に	dumm [dʊm] 愚かな
ä	[ɛ:][ɛ]	Bär [bɛ́:ɐ̯] 熊	Käse [kɛ́:zə] チーズ	Kälte [kɛ́ltə] 寒さ	Mädchen [mɛ́:tçən] 少女、娘
ö	[ø:][œ]	böse [bǿ:zə] 悪い	hören [hǿ:rən] 聞こえる、聴く	können [kœ́nən] 〜できる	Löffel [lœ́fəl] スプーン
ü	[y:][ʏ]	Hügel [hý:gəl] 丘	kühl [ky:l] 涼しい	Glück [glʏk] 幸運、幸福	müssen [mýsən] 〜せねばならない
au	[au]	Auge [áugə] 目	Haus [haus] 家	Maus [maus] ネズミ	heraus [hɛráus] （こちらの）外へ
ai, ay	[ai]	Mai [mai] 5月	Daimler [dáimlɐ] ダイムラー（人名）	Bayern [báiɐn] バイエルン（地名）	
ei, ey	[ai]	Eis [ais] 氷	Freiheit [fráihait] 自由	Meyer [máiɐ] マイアー（人名）	
eu, äu	[ɔy]	neu [nɔy] 新しい	Freude [frɔ́ydə] 喜び	träumen [trɔ́ymən] 夢を見る	Geräusch [gərɔ́yʃ] 物音、騒音
ie	[i:]	Liebe [lí:bə] 愛情、恋愛	Bier [bi:ɐ̯] ビール	Brief [bri:f] 手紙	tief [ti:f] 深い

（母音を重ね書きした aa [a:], ee [e:], oo [o:] も長母音で発音される：Haar, Tee, Moos）

§2 子音 (Konsonanten)

1 語末、複合語末尾、無声音の前で b, d, g はそれぞれ [p],[t],[k] と発音される。

b	[b][p]	geben [géːbən] / gab [gaːp] 与える（不定詞）/（過去）	Liebling [líːplɪŋ] お気に入り	Herbst [hɛrpst] 秋
d	[d][t]	finden [fíndən] / fand [fant] 見つける（不定詞）/（過去）	Handtuch [hánttuːx] タオル	verwandt [fɛɐ̆vánt] 親戚の
g	[g][k]	fliegen [flíːgən] / flog [floːk] 飛ぶ（不定詞）（過去）	täglich [téklɪç] 毎日の	Jagd [jaːkt] 狩り

2 歯擦音 s, ss, ß, sch, sp, st および破擦音 tsch, z

s	[z]（母音の前）	Sonne [zɔ́nə] 太陽	reisen [ráizən] 旅行する	[s]（その他） best [bɛst] 最も良い	das [das] それ（これ、あれ）
ss	[s]（短母音の後）	Fluss [flʊs] 川	Wasser [vásɐ] 水		
ß	[s]（長母音・二重母音の後）	Fuß [fuːs] 足	heißen [háisən] ～という名前である		
sch	[ʃ]	schön [ʃøːn] 美しい	Tisch [tɪʃ] 机、テーブル		

sp, st は語頭および前つづりの後でそれぞれ [ʃp], [ʃt] と発音される。

sp	[ʃp]	spielen [ʃpíːlən] 遊ぶ	versprechen [fɛɐ̆ʃpréçən] 約束する	
st	[ʃt]	still [ʃtɪl] 静かな	verstehen [fɛɐ̆ʃtéːən] 理解する	(gestern [géstɐn]) 昨日
tsch	[tʃ]	Tschechien [tʃéçiən] チェコ	deutsch [dɔytʃ] ドイツの	
z	[ts]	Zeit [tsait] 時（間）	ergänzen [ɛɐ̆géntsən] 補足する	Tanz [tants] ダンス
ds, ts, tz	[ts]	abends [áːbənts] 晩に	nichts [nɪçts] 何も～ない	jetzt [jɛtst] 今

3 口蓋音 ch, -ig, j

ch	[x]（奥舌母音 a, o, u, au の後で）	lachen [láxən] 笑う	doch [dɔx] しかし	Kuchen [kúːxən] ケーキ	auch [aux] ～もまた
	[ç]（その他：前舌母音および子音の後）	ich [ɪç] 私	Zürich [tsýːrɪç] チューリヒ（地名）	Recht [rɛçt] 権利	
		Köcher [kœ́çɐ] 矢筒	Milch [mɪlç] 牛乳		

-ig	[ɪç]	billig [bílɪç]	König [kǿːnɪç]	(königlich [kǿːnɪklɪç])
		安い	（国）王	（国）王の
j	[j]	jung [jʊŋ]	Kajak [káːjak]	
		若い	カヤック	

4 声門音 h

h　語頭および前つづりの後で [h] と発音される。　haben [háːbən]　behalten [bəháltən]
　　　　　　　　　　　　　　　　　　　　　　　　持っている　　保持する

　母音の後では発音されない。　stehen [ʃtéːən]　Bahn [baːn]　froh [froː]
　　　　　　　　　　　　　　　立っている　　　軌道、鉄道　　楽しい

5 口蓋垂音 r

r　ドイツ語の r は、通常、口蓋垂（喉びこ）ふるえ音 [ʀ] あるいは口蓋垂摩擦音 [ʁ] で発音される。なお、本書では便宜上 [r] としておく。

　　rot [roːt]　Frau [frau]　Ehre [éːrə]　Herz [hɛrts]
　　赤い　　　女性、妻　　　名誉　　　　心、心臓

6 語末の -er および長母音の後の -r

語末の -er は [ɐ] と発音される。　Mutter [mʊ́tɐ]　Lehrer [léːrɐ]
　　　　　　　　　　　　　　　　　母　　　　　　教師

長母音の後の -r は [ɐ̯] と発音される。　ihr [iːɐ̯]　Tür [tyːɐ̯]　sehr [zeːɐ̯]　Ohr [oːɐ̯]
　　　　　　　　　　　　　　　　　　　君たちは　　ドア　　　非常に　　　耳

（Haar [haːɐ̯] では [aː-] の後で聞こえない）。また、短母音 r ＋子音では [ʀ] と [ɐ̯] の両方が可能であるが、実際には [ɐ̯] が普通に行われる。

　　　　　　　　　　　　　　　　　lernen [lɛ́ɐ̯nən]　arbeiten [áɐ̯baitən]
　　　　　　　　　　　　　　　　　学ぶ、習う　　　　働く、研究する

7 前つづり er-, ver-, 代名詞 er, 定冠詞 der

これらの場合には [ɐ̯] と発音される。

　　erkennen [ɛɐ̯kɛ́nən]　verstehen [fɛɐ̯ʃtéːən]　er [e(ː)ɐ̯]　der [de(ː)ɐ̯]
　　認識する　　　　　　理解する　　　　　　　彼　　　　　その

8 その他

v	[f]	Vater [fáːtɐ]	Hannover [hanóːfɐ]	brav [braːf]	
		父（親）	ハノーファー（地名）	行儀の良い	
w	[v]	wohnen [vóːnən]	Beweis [bəváis]	schwarz [ʃvarts]	etwas [étvas]
		住んでいる	証拠	黒い	（何か）あるもの
pf	[pf]	Pferd [pfeːɐ̯t]	Apfel [ápfəl]	Kopf [kɔpf]	
		馬	リンゴ	頭（部）	

(語頭、語中、語末の位置に現れることから、pf は p, t, k と同様に1音として発音され、p と f の2音の連続ではない)

qu [kv]	Quelle [kvɛ́lə] 泉	bequem [bəkvéːm] 快適な	
ng [ŋ]	singen [zíŋən] 歌う	lang [laŋ] 長い	(sinken [zíŋkən] では破裂音 -k- が残ることに注意) 沈む

§3 外来語と固有名詞の発音

外来語では上に述べた文字と発音の対応に当てはまらない例が多く見られる

ie [iə]	Familie [famíːliə] 家族	Ferien [féːriən] 休暇		
eu [éːʊ], **äu** [ɛ́ːʊ]	Museum [muzéːʊm] 博物館	Athenäum [atenɛ́ːʊm] アテナ神殿		
y [yː], [ʏ]	Typ [tyːp] タイプ	Gymnasium [gʏmnáːziʊm] ギムナジウム		
c [k], [ts], [tʃ]	Café [kaféː] 喫茶店	Cecilia [tsɛtsíːlia] ツェツィーリア	Cembalo [tʃɛ́mbalo] チェンバロ	
ch [k], [ʃ], [tʃ]	Charakter [karáktɐ] 性格	Chauffeur [ʃɔfǿːɐ] 職業運転手	Check [tʃɛk] チェック、小切手	
g [ʒ]	Genie [ʒeníː] 天才	Orange [orã́ːʒə] オレンジ		
ph [f]	Philosophie [filozofíː] 哲学	Triumph [triʊ́mf] 大勝利		
rh [r]	Rheuma [rɔ́yma] リューマチ	Rhein [ráin] ライン川		
th [t]	Theater [teáːtɐ] 劇（場）	Thron [troːn] 王座	Therapie [terapíː] 治療	Goethe [gǿːtə] ゲーテ〈人名〉
t [ts]	Lektion [lɛktsióːn] 課（テキストの）	Patient [patsiɛ́nt] 患者		
v [v]	Vase [váːzə] 花瓶	Klavier [klavíːɐ] ピアノ	Universität [univɛrzitɛ́ːt] 大学	

Lektion 1

動詞の現在人称変化、人称代名詞（1）

人称ごとに動詞に異なる語尾が付くのはなぜだろう

　ドイツ語の動詞には英語と比べて多くの人称で変化語尾が付けられます。日本語では「私は行く。君は行く。彼は行く」というように、主語の人称によって動詞の後に異なった語尾が付くことはありません。ドイツ語では、現在形で単数1人称-e, 2人称-st, 3人称-t, 複数1人称-en, 2人称-t, 3人称-enという語尾が付きます。なぜこのようなものが動詞の語幹の後に加えられるかについては様々な考え方がありますが、ひとつの有力な説は、これらの語尾が人称代名詞ich (mich), du (dich), er (ihn), wir (uns), ihr (euch), sie (sie)と関係するというものです。そこから「私は行く。君は行く。彼は行く」ではなく「gehe 行く私は、gehst 行く君は、geht 行く彼は」と言っていたことが推測できます。-eは分かり難いですが、-stの-tの部分には人称代名詞duの痕跡が残されています。

　誰がその動作をするのかということはコミュニケーションの点からも重要なので、ドイツ語の人称変化は複雑ですが正しく覚える必要があります。

人称代名詞は英語と似たり寄ったり

　ドイツ語の人称代名詞は英語とよく似ています。

```
ドイツ語　英語
 ich  =  I  （ラテン語ego（エゴ）と同じ起源）
 du   =  thou （英語では古語）
 er   ≠  he  （erが母音で始まっているので女性形s-ieのs-は後から付いたもの）
 sie  ≠  she
 es   =  it
 wir  =  we
 ihr  =  you
 sie  ≠  they
 Sie  （3人称複数形が起源）
```

　敬称のSieは昔身分の高い相手に2人称で呼びかけることを避けて3人称で遠まわしに言ったことに由来し、複数形も敬意を高める働きがあります。「敬称」というと何か敬意と結びつくと考えてしまいますが、出発点はそうであれ現代ドイツ語のduとSieの違いは敬意ではなく親しみに変化しています。ドイツで外国人がドイツ人の友人の犬にSieで呼びかけて通行人を驚かせたという話が伝わっていますが、動物は友人、家族と同じようにduで呼びかけることが普通です。

> **さあ、諳んじましょう！**
>
> Was sie uns verkünden nun,　　小鳥たちが我達に知らせることを
> nehmen wir zu Herzen:　　　　私達は心に受けとめましょう！
> Wir auch wollen lustig sein,　　私達もみんな楽しく
> lustig wie die Vögelein,　　　　小鳥たちのように心楽しく
>
> 　　　　　　　　　　„Alle Vögel sind schon da" ("小鳥たちがやってきた"より)
> 　　　　　　　　　　話法の助動詞は第8課§1.、関係代名詞は第18課§1.3参照

§1　人称代名詞（1）── 1格と4格

人や事物の人称を表す代名詞は人称代名詞と呼ばれる。人称代名詞は1人称・2人称・3人称という人称のほかに、数・格、さらに3人称は性に応じて変化する：

単数

	1人称	2人称	3人称		
1格（主語）	ich 私は	du 君は	er 彼は	/sie 彼女は	/es それは
4格（目的語）	mich 私を	dich 君を	ihn 彼を	/sie 彼女を	/es それを

敬称		2人称
1格（主語）		Sie あなたは
4格（目的語）		Sie あなたを

複数

	1人称	2人称	3人称
1格（主語）	wir 私たちは	ihr 君たちは	sie 彼らは/彼女らは/それらは
4格（目的語）	uns 私たちを	euch 君たちを	sie 彼らを/彼女らを/それらを

敬称		2人称
1格（主語）		Sie あなたがたは
4格（目的語）		Sie あなたがたを

ドイツ語の人称代名詞2人称には親称と敬称の区別があり、前者は＜家族・親類・友人・未成年者（ギムナジウム上級学年前の16歳程度）・神・動物＞などに対して、後者は＜心理的に距離を置いた成年者＞に対して用いられる。親称と敬称の区別は人称代名詞に止まらず、前者を使う相手は名前（洗礼名 Vorname）で Hans, Peter, Sabine, Petra のように、後者を使う相手は Frau Schmidt「シュミット夫人」、Frau Doktor Schmidt「シュミット博士」、Herr Krause「クラウゼさん」、Herr Professor Krause「クラウゼ教授」のように、名字（家族名 Familienname）に称号を付けて呼ぶことが普通である。なお、Fräulein Schmidt は現代ドイツ語では使われない。

敬称は3人称複数形の語頭を大文字にしたもので、単数、複数が同形である。また、主語が単数であっても動詞は常に3人称複数形と同じ形が用いられる：

　Sie sind Student.　vs.　Sie sind Studenten.　（⇒ §3 sein と haben の変化）

Lektion 1

§2 動詞の現在人称変化（規則動詞の人称変化）

ドイツ語の辞書では動詞の代表として不定詞が挙げられている。大多数の不定詞は -en で終わり、語幹は不定詞から -en を除いた部分である。

現在人称変化は語幹＋人称語尾によって行われる。人称語尾は単数 1、2、3 人称はそれぞれ、-e, -st, -t, 複数 1、2、3 人称はそれぞれ -en, -t, -en である：

lernen 学ぶ

		単数			複数
単数	1人称	ich lerne (lern-e)	複数	1人称	wir lernen (lern-en)
	2人称	du lernst (lern-st)		2人称	ihr lernt (lern-t)
	3人称	er lernt (lern-t)		3人称	sie lernen (lern-en)

敬称 Sie lernen (lern-en)

wohnen 住む

	単数	複数
1.	wohne	wohnen
2.	wohnst	wohnt
3.	wohnt	wohnen

arbeiten 働く

	単数	複数
1.	arbeite	arbeiten
2.	arbeitest	arbeitet
3.	arbeitet	arbeiten

heißen ～と呼ばれる

	単数	複数
1.	heiße	heißen
2.	heißt	heißt
3.	heißt	heißen

öffnen 開く

	単数	複数
1.	öffne	öffnen
2.	öffnest	öffnet
3.	öffnet	öffnen

wandern 歩き回る

	単数	複数
1.	wand(e)re	wandern
2.	wanderst	wandert
3.	wandert	wandern

handeln 行動する

	単数	複数
1.	handle	handeln
2.	handelst	handelt
3.	handelt	handeln

① 語幹が -t, -d および〈 -l, -r 以外の子音 + m-, n- 〉で終わる動詞は単数・複数 2 人称と単数 3 人称で語幹と人称語尾の間に（口調上の）-e- をはさむ。

② 語幹が -s, -ß, -z, -tz, -sch で終わる動詞は単数 2 人称の人称語尾が -t となり、単数 3 人称と同じ形になる。

③ 不定詞が -ern で終わる動詞は単数 1 人称で後ろから数えて 2 番目、つまり語幹の -e- が落ちることがあり（例 wand(e)re）、不定詞が -eln で終わる動詞は単数 1 人称で後ろから数えて 2 番目の -e- が落ちる（例 handle）。また、複数 1、3 人称の語尾は -n であり、従って不定詞も -n で終わる。尚、稀に handele も見うけられるが、これは古風な形である。

練習 1. 次の動詞を現在人称変化させなさい。

1) kommen 来る　　2) machen 作る、行う　　3) sagen 言う　　4) trinken 飲む
5) fragen 質問する　6) baden 入浴する　　　7) fassen つかむ　8) setzen 座らせる、置く
9) atmen 呼吸する　10) lächeln ほほえむ

§3 sein（英：be）と haben（英：have）の変化

sein

	単数	複数
1.	ich bin	wir sind
2.	du bist	ihr seid
3.	er ist	sie sind
	敬称 Sie sind	

haben

	単数	複数
1.	ich habe	wir haben
2.	du hast	ihr habt
3.	er hat	sie haben
	敬称 Sie haben	

◆完了形を作るための助動詞としても用いられる sein と haben は、前者が様々な語幹（bi-, i-, si/sei-）から成り立ち、後者は単数2・3人称で ha- という語幹を示す点が不規則である。

§4 現在時制の用法

1 現時点における行為・状態の継続

現在進行形のないドイツ語では jetzt「今」、gerade「ちょうど今」のような副詞とともに用いられることが多い。

　　Er spielt jetzt draußen.　　　彼は今戸外で遊んでいる。
　　Ich bin gerade zu Hause.　　 私はちょうど在宅しています。(zu Hause sein「在宅している」)

2 習慣的行為・状態

oft「しばしば」、gern「好んで」のような反復を表す副詞とともに用いられることが多い。

　　Er besucht mich oft.　　　　彼はしばしば私を訪ねる。
　　Sie ist oft krank.　　　　　彼女はよく病気になる。
　　Er spielt gern draußen.　　 彼は好んで戸外で遊ぶ。

3 未来における行為・状態

morgen「明日」のような未来の時を表す副詞とともに用いられることが多い。

　　Er fliegt morgen nach Berlin.　彼は明日飛行機でベルリンへ行く。(nach「～へ」)
　　Morgen ist Sonntag.　　　　　　明日は日曜日だ。

§5 疑問詞（1）

ドイツ語の疑問詞には、人を問うwer「誰」、事物を問うwas「何」、場所を問うwo「どこで」、woher「どこから」、時を問うwann「いつ」、様態を問うwie「どのように」がある。

§6 疑問文の種類

疑問文はja, neinで答える決定疑問文と疑問詞を用いた補足疑問文に大きく分けられる。

Lernt er fleißig Deutsch?	彼は熱心にドイツ語を学びますか？
— Ja, er lernt fleißig Deutsch.	はい、彼は熱心にドイツ語を学びます。
—Nein, er lernt nicht fleißig Deutsch.	いいえ、彼は熱心にドイツ語を学びません。
Lernt er nicht fleißig Deutsch?	彼は熱心にドイツ語を学びませんか？
—Nein, er lernt nicht fleißig Deutsch.	はい、彼は熱心にドイツ語を学びません。
—Doch, er lernt fleißig Deutsch.	いいえ、彼は熱心にドイツ語を学びます。
Was lernt er fleißig?	何を彼は熱心に学びますか？
—Er lernt fleißig Deutsch.	彼はドイツ語を熱心に学びます。

決定疑問文は上昇調の、補足疑問文はふつう下降調のイントネーションで発音される。

§7 ドイツ語の基本的語順

平叙文および補足疑問文では定動詞（人称・数によって変化した形）が第二位を、決定疑問文では第一位を占めるという語順の規則がある。

Er lernt fleißig Deutsch.	彼は熱心にドイツ語を学びます。
Deutsch lernt er fleißig.	ドイツ語を彼は熱心に学びます。
Was lernt er fleißig?	何を彼は熱心に学びますか？
Lernt er fleißig Deutsch?	彼は熱心にドイツ語を学びますか？

練習問題

Ⅰ．(　　)内に適切な語を補い、文を完成させ、それを日本語に訳しなさい。

1) Ich (　　　) Deutsch. Du (　　　　) aber Französisch. (lernen)

2) (　　　　) ihr Chinesisch?— Ja, wir (　　　　　) Chinesisch. (lernen)

3) Wir (　　　) Deutsch. Was (　　　　) Sie jetzt?— Ich (　　　　) Koreanisch. (lernen)

4) Wie (　　　　) du? —Ich (　　　　) Maria. (heißen)

5) Wo (　　　　) du? —Ich (　　　　) in München. (wohnen)

Ⅱ．次のドイツ語を日本語に訳しなさい。

1) Englisch macht Spaß. Deutsch macht auch Spaß.

2) Der Krieg ist vorbei. Jetzt leben sie hier glücklich.

3) Lesen Sie gern Hesse?—Ja, ich lese Hesse sehr gern.

4) Du grüßt immer freundlich. Aber du handelst nicht ehrlich.

5) Ich grüße dich. Und du lächelst immer freundlich.

Ⅲ．次の日本語をドイツ語に訳しなさい。

1) 私は今ドイツ語/ フランス語/ 中国語を学んでいます。

2) 君は何を学んでいますか？

Lektion 2

格と人称代名詞（2）、冠詞・名詞の単数形、動詞と構文

ドイツ語の格

ドイツ語では助詞なしで「てにをは」が表される

ドイツ語の格には1) 1格（主格：Nominativ）、2) 2格（属格：Genitiv）、3) 3格（与格：Dativ）、4) 4格（対格：Akkusativ）の4つの格があります。

数字で区別された「てにをは」の意味と形をドイツ語と英語で比べてみよう

1) 1格は他の格が語の間の関係を示すのに対して、単独で文の主語（Subjekt）あるいは述語内容語（Prädikativ）として用いられる格です。従って、英語のbe動詞に対応するseinの主語と述語は1格が普通です：(1) **Er** ist noch **ein Kind**. / **He** is still **a child**. 「彼はまだ子供です」

2) 2格は名詞にかかって主に所有関係を表します：das Haus **des Lehrers** / the **teacher's** house「先生の家」。英語の語順と比べると面白いです。また、2格目的語をとる動詞はgedenken「思い出す」、bedürfen「必要とする」のような少数の動詞しかありません。

3) 3格は与格（Dativ）という名称が示すように「～（のため）に」という間接目的語を表す格です：(2) Ich gebe **einem Kind** ein Buch. / I give **a child** a book. 「私は子供に本を与える」。英語では語順で示される格がドイツ語では語尾変化します。
   また、nützen「役にたつ」、gefallen「気に入る」、schaden「そこなう」、passen「ぴったり合う」、gelingen「成功する」、danken「感謝する」、dienen「仕える」、folgen「あとを追う」、gehorchen「従う」、helfen「助ける」、glauben「信用する」、(ver)trauen「信頼する」、antworten「返答する」、mangeln「欠けている」など多くの動詞の3格目的語として用いられます。

4) 4格は他動詞の目的語として用いられる格で、動詞の作用が及ぼされる対象を表す格です。この行為の対象は被動作主（Patiens）とも呼ばれます。このように、4格はa) 対象の変容（被動目的語affiziertes Objekt）：(3) Er schlägt **einen Hund**. / He beats **a dog**.「彼は犬をたたく」、b) 産出（被成目的語effizientes Objekt）：(4) Er baut **ein Haus**. / He builds **a house**.「彼は家を建てる」などに用いられます。ここでも英語は無変化なのにドイツ語では語尾変化します。

> **さあ、諳んじましょう！**
>
> Mein Herz, mein Herz ist traurig,　　わが心、わが心は暗く
> Doch lustig leuchtet der Mai.　　　　それでも五月は明るく輝く
>
> *Heine* aus „*Die Heimkehr*"（ハイネ"家路"より）
> 所有冠詞は第5課§1.

§1 人称代名詞 (2)

第1課で人称代名詞1格（主語）、4格（目的語）の形を学んだが、以下に人称代名詞のすべての形を挙げる。

	単数		
	1人称	2人称	3人称
1格	ich	du	er/sie/es
2格	meiner	deiner	seiner/ihrer/seiner
3格	mir	dir	ihm/ihr/ihm
4格	mich	dich	ihn/sie/es
敬称		2人称	
1格		Sie	
2格		Ihrer	
3格		Ihnen	
4格		Sie	

	複数		
	1人称	2人称	3人称
	wir	ihr	sie
	unser	euer	ihrer
	uns	euch	ihnen
	uns	euch	sie
		2人称	
		Sie	
		Ihrer	
		Ihnen	
		Sie	

◆人称代名詞の2格形は、2格をとる動詞・前置詞・形容詞の補足語（Ergänzung）として用いられるが（⇒第2課最初のページ参照）、所有関係を表すことはできない（⇒第5課§1不定冠詞類）

§2 人称代名詞の用法 (1)

1　人称代名詞は人のみでなく事物も受けるが、その際、性・数の一致が起こる。

　　Wem gehört der Anzug?　　—　Er gehört meinem Sohn.
　　　そのスーツは誰のものですか？　—　それは息子のものです。
　　Wem gehört die Krawatte?　—　Sie gehört meinem Vater.
　　　そのネクタイは誰のものですか？　—　それは父のものです。
　　（meinem「私の」⇒第5課§1）

2　中性単数形 es は性・数に無関係に先行する語を受ける。

　　Dort steht/stehen ein Mädchen/Jungen. Es ist/sind die Tochter/die Söhne unseres Lehrers.
　　（Jungen, die Söhne はそれぞれ Junge, der Sohn の複数形（⇒第3課））
　　　あそこに少女が一人/少年が何人か立っています。それは先生の娘/息子たちです。

Lektion 2

§3 疑問詞（2）

	wer 誰	**was** 何
1格	wer	was
2格	wessen	—
3格	wem	—
4格	wen	was

◆疑問詞は単数形のみである。werは男女の別なく、また複数の人を問うのにも用いられる。wasは事物を問うのに用いられる。wasの2・3格はあまり用いられないのでここでは省略する（⇒第6課 §4）。

§4 定冠詞と不定冠詞の格変化（単数形）

定冠詞	男性	女性	中性
1格	der	die	das
2格	des	der	des
3格	dem	der	dem
4格	den	die	das

不定冠詞	男性	女性	中性
1格	ein	eine	ein
2格	eines	einer	eines
3格	einem	einer	einem
4格	einen	eine	ein

◆定冠詞 d- の後の男性：-er, -es, -em, -en、女性：-e, -er, -er, -e、中性：-es (<-as), -es, -em, -es という変化語尾は不定冠詞を始めとして、不定冠詞類（⇒第5課）、定冠詞類（⇒第6課）、形容詞（⇒第8課）の語形変化の基礎となる重要な要素である。尚、不定冠詞は男性1格、中性1・4格で無語尾となる。

§5 名詞の単数形（定冠詞とともに）と名詞の性

男性名詞	
1格	der Tag
2格	des Tag(e)s
3格	dem Tag
4格	den Tag

女性名詞	
1格	die Blume
2格	der Blume
3格	der Blume
4格	die Blume

中性名詞	
1格	das Haus
2格	des Hauses
3格	dem Haus
4格	das Haus

1 ドイツ語の名詞は無生物であっても男性・女性・中性名詞のどれか1つに属する。また、複数では冠詞の性の区別はない。

2　女性名詞は語形変化を行わない。尚、語末が -em, -en, -el, -er で終わる男性・中性名詞の2格は常に母音を伴わない -s となる：des Atems, des Gartens, des Himmels, des Vaters。また、語末が -s, -ß, -z で終わる男性・中性名詞の2格は常に母音を伴う -es となる：des Hauses, des Fußes, des Platzes。

§6　男性弱変化単数

◆ der Gedanke は2格が -ns に終わり弱変化名詞には分類されないが、起源的には弱変化名詞である。Gedanke と同じ変化をする男性名詞には Name, Glaube, Friede などがある。

　練習1.　次の名詞を定冠詞とともに格変化させなさい。

1) Berg 男　　2) Brille 女　　3) Buch 中　　4) Onkel 男
5) Tante 女　　6) Mädchen 中　　7) Anzug 男　　8) Bluse 女
9) Hemd 中　　10) Kugelschreiber 男　　11) Freiheit 女　　12) Gebirge 中

§7　格の意味と用法　（例文は第2課最初のページ参照）

　ドイツ語では日本語の「ハ」、「ニ」のような助詞に相当するものとして格というものが存在し、語形変化により表される。格は通常1格、2格、3格、4格という具合に数字によって示され、多くの場合それぞれ日本語の「ハ」、「ノ」、「ニ」、「ヲ」に対応する。

Lektion 2

練習問題

Ⅰ. (　)内に適切な語を補って文を完成させ、その文を日本語に訳しなさい。

1) Was schreiben Sie? — Ich schreibe (　　　/　　　/　　　).
   (ein Roman / eine Abhandlung / ein Buch)

2) Was ist das? — Das ist (　　　/　　　/　　　).
   (ein Tisch / eine Uhr / ein Sofa)

3) Wer ist das? — Das ist (　　　/　　　).
   (Herr Schmidt / Frau Schmidt)

4) Wem gehört der Kugelschreiber?
   — Der Kugelschreiber gehört (　　　/　　　/　　　).
   (der Bruder / die Schwester / Thomas)

5) Woher kommst du? — Ich komme aus (　　　/　　　/　　　).
   (Deutschland / China / Frankreich)

Ⅱ. 次のドイツ語を日本語に訳しなさい。

1) Heute ist der Geburtstag des Vaters. Die Tochter schenkt ihrem Vater eine Krawatte.

2) Der Junge ist faul. Der Lehrer ist sehr verärgert.

3) Thomas studiert in Japan Japanologie. Er schreibt seiner Mutter einen Brief.

4) Am Sonntag machen wir einen Ausflug. Wir essen Brot und Käse und trinken dazu Rotwein.

（注1：ihrem「彼女の」⇒第5課§1）

Ⅲ. 次の日本語をドイツ語に訳しなさい。

1) あなたは何を専攻していますか？

2) 私は法学（Jura）/ 医学（Medizin）/ ドイツ語学・文学（Germanistik）を専攻しています。

Lektion 3

冠詞・名詞の複数形

冠詞

なぜ日本語にない冠詞がドイツ語にはあるのだろうか

　この課を学んでいる頃になると、戸外ではよく「あ！蜂が飛んでいる」という言葉を耳にします。この場合ドイツ語では Oh! Dort fliegt eine Wespe. あるいは Dort fliegen Wespen. のように一匹か何匹も飛んでいるのかがすぐ分かりますが、日本語では後者の場合「何匹もいるよ！」という文を続けて発言しないとその区別がつきません。このように冠詞には**数を識別する働き**があります。因みに、ドイツでは Biene（蜜蜂）のように小型でも実際は Wespe（雀蜂）が夏など公園や広場を群れを成して飛んでいるので注意が必要です。特に手に焼き菓子・ケーキ類（Kuchen）を持っていると寄って来て危険です。

　ところでドイツの Kuchen は外見は素朴ですが深い味わいがあります。「私はケーキが好きです」はドイツ語では Ich esse gern Kuchen. となりますが、「一切れ食べる」という場合は Ich esse ein Stück Kuchen. のように数の識別に関わる不定冠詞が用いられます。あの店の Kuchen は最高だという話はドイツでも日本でもどこでも話題に上がります。「あのケーキは好きだ」という場合は Den Kuchen esse ich gern. のように定冠詞が使われます。このように**話題になっている物がどれか聞き手に分かっている時には定冠詞が使**われます。不定冠詞はそうでない場合に使われます。何はともあれドイツで最高の Kuchen はお店ではなくそれぞれの家庭で焼いてくれるものであることは多くの人が認めるところです。

　言葉には日常場面から離れた使い方もあります。「蜜蜂は昆虫である」のように**物事を全体的に表現する**場合ドイツ語では Die Biene ist ein Insekt./ Eine Biene ist ein Insekt. のように単数の名詞に冠詞を付けて表すことがあります。Bienen sind Insekten. のように複数形を冠詞なしで用いても同様な意味が表現されます。

　ドイツ語では指示代名詞（18課参照）と定冠詞は２格を除いてほぼ同じ形であり、このことは後者が前者から成立したことを物語っています。ドイツ語の歴史を見ると、指示代名詞が対象が「既知のもの」であることを示す指示的用法から、文脈とは離れた、総称など「抽象的、知識的レベル」の事柄に関わる定冠詞的用法へと変化していった過程が読み取れます。

　翻って、日本語には冠詞がないと言われますが、それは文法の形として存在しないということを意味しています。日本語の助詞「が」は定冠詞、「は」は不定冠詞に対応するということがよく言われます。日本語の「それが（私が言っていた）本です」と「それは本です」はそれぞれドイツ語では Das ist das Buch./ Das ist ein Buch. となります。

　これからドイツ語を学んでいくなかで、ドイツ語の文法範疇が日本語にははっきりした形で存在しない場合がよくあります。しかしそれを日本語で訳し分けることができるのは日本語がドイツ語とは異なる表現手段に依っていることの証拠です。

Lektion 3

> **さあ、諳んじましょう！**
>
> Frühling lässt sein blaues Band　　春はその青いリボンを
> Wieder flattern durch die Lüfte;　　再びそよ風になびかせる
> Süße, wohlbekannte Düfte　　甘い懐かしい香りが
> streifen ahnungsvoll das Land.　　予感に満ちて大地をかすめる
>
> 　　　　*Mörike* aus „*Er ist's*"（メーリケ"そう彼だ"より）
>
> 所有冠詞は第5課§1.、話法の助動詞（使役動詞）は第7課§1.4.参照

§1 名詞の複数形（定冠詞とともに）

　冠詞の複数形は定冠詞のみであり、不定冠詞には複数形はない。また、冠詞の複数形には性の区別は存在しない。名詞の複数・3格には複数形の語尾の後にさらに -n がつく。複数・1格が -n, -s で終わるものには -n はつかない。

複数の格変化：

1格	die Väter
2格	der Väter
3格	den Vätern
4格	die Väter

1格	die Tage
2格	der Tage
3格	den Tagen
4格	die Tage

1格	die Kinder
2格	der Kinder
3格	den Kindern
4格	die Kinder

1格	die Frauen
2格	der Frauen
3格	den Frauen
4格	die Frauen

外来語の複数形として：

1格	die Autos
2格	der Autos
3格	den Autos
4格	die Autos

このように名詞の複数形には語尾に従って次の5つのタイプが存在する：

Ⅰ．無語尾型：Lehrer － Lehrer（男 –s / –），　Vater － Väter（男 –s / Väter），
Ⅱ．-e型：　　Tag － Tage（男 –(e)s / –e），　Hand － Hände（女 – / Hände）
Ⅲ．-er型：　 Kind － Kinder（中 –(e)s / –er），Mann － Männer（男 –(e)s / Männer）
Ⅳ．-n型：　　Junge － Jungen（男 –n / –n），　Frau － Frauen（女 – / –en）
Ⅴ．-s型：　　Auto － Autos（中 –s / –s）

練習1. 次の名詞句を複数形にして格変化させなさい。

1) der Onkel　　2) die Tochter　　3) das Mädchen　　4) ein Sohn　　5) eine Wurst
6) das Haar　　7) das Buch　　　 8) der Student　　 9) eine Katze　10) ein Foto

§2 名詞の分類

　名詞は数に基づいて、可算名詞（数えられる名詞）と不可算名詞に大別され、後者はさらに具象性に基づいて物質名詞、固有名詞（具象性あり）と抽象名詞（具象性なし）に分類される。

名詞	可算名詞	普通名詞：Buch, Stuhl, Hand
		集合名詞：Gebirge, Gewässer, Gemüse, Herde, Volk
	不可算名詞	物質名詞：Wasser, Milch, Bier, Kaffee, Tee
		固有名詞：Hans, Peter, Deutschland
		抽象名詞：Geduld, Mut, Schönheit, Übung

1　不可算名詞は形容詞の強変化と結びつくことに注意（⇒第8課）

2　通常、不加算名詞は無冠詞で用いられる。加算・不加算名詞は固定されたものではなく、事物の捉え方により相互入れ替わる。

Kaffee（「コーヒー」：不可算名詞）→ einen Kaffee「コーヒー1杯」、zwei Kaffee「コーヒー2杯」
Grund（「土地」：不可算名詞）→ ein Grund「1つの理由」、Gründe「幾つもの理由」

　また、不加算名詞を数える場合は、その前に容器など量を表す語を置く。

eine Tasse Kaffee　　「カップ1杯のコーヒー」— zwei Tassen Kaffee　　「カップ2杯のコーヒー」
eine Flasche Wein　　「1ビンのワイン」　　　— zwei Flaschen Wein　　「2ビンのワイン」
ein Glas Bier　　　　「グラス1杯のビール」　— zwei Glas/Gläser Bier　「グラス2杯のビール」
ein Stück Kuchen　　 「1切れのケーキ」　　　— zwei Stück Kuchen　　 「2切れのケーキ」

3　抽象名詞は単数形では抽象概念を表すが、複数形では具象名詞となり、また冠詞を伴った単数形は具象名詞として、定冠詞の場合は特定の、不定冠詞の場合は「一つ一つ」の具体的な事柄を表す：

Übung macht den Meister.　　　修練（すること）が人を名人にする→名人も練習次第。
Sie spielt einige Stücke Klavierübungen auf dem Klavier.　　　彼女はピアノで練習曲を何曲か弾く。

§3 冠詞の用法

1 定冠詞の用法

　定冠詞は「その、およそ〜というもの」を意味し、①文脈の中で話題となっている既知（すでに知られた人・もの）の概念を指示する用法、②一般的概念を総合的に提示する総称的用法「およそ〜というものは」、③名詞の格を明示する用法（示格用法）に大別される。

① 既知（周知）の概念を指示：
　　Da ist eine Kirche. Die Kirche ist sehr alt und berühmt.
　　　そこに教会があります。その教会は古くそして有名です。

② 総称的用法：
　　Der Wal ist ein Säugetier.　鯨は哺乳類です。
③ 名詞の格を明示：
　　Ich ziehe Kaffee dem Tee vor.　私は紅茶よりコーヒーのほうが好きです。（vorziehen⇒第12課分離動詞）

2　不定冠詞の用法

不定冠詞は「ある一人（一つ）の」を意味し、①文脈の中で初めて現れた不特定で未知の個体を指示する用法、②総称的用法「いずれの～も、どれも」、③所属部類を示す述語名詞に付加される用法に大別される：

① 初出の未知概念・固体を指示：
　　Er hat einen Sohn und eine Tochter.　彼には息子と娘がいます。
　　Ich gebe den Schülern ein Buch.　私は生徒たちにそれぞれ本を1冊ずつあげる。
　　Ich gebe den Schülern Bücher.　私は生徒たちにそれぞれ本を数冊あげる。
② 総称的用法：
　　Ein Kind will spielen.　子供はどれも遊びたがるものだ。（＝ Kinder wollen spielen.）
　　（will, wollenはそれぞれ「～したがる」を意味する（⇒第7課）。また、定冠詞によるDas Kind will spielen. も総称的用法として「子供というものは遊びたがるものだ」を意味する）
③ 述語的用法：
　　Der Mensch ist auch ein Säugetier.　人間も哺乳類です。
　　Das Auto ist ein Verkehrsmittel.　車は交通手段です。

3　無冠詞の用法

加算名詞の無冠詞形は職業・身分・国籍・宗教などで用いられる：

Er ist Lehrer.	彼（の職業）は教師です。
Sie ist Studentin.	彼女は大学生です。
Ich bin Japaner.	私は日本人です。
Sind Sie Christ oder Buddhist?	あなたはキリスト教徒ですか、それとも仏教徒ですか？

また、目的語（楽器、スポーツ競技、外国語など）と動詞が緊密に結びついた熟語動詞においては無冠詞の名詞が現れ、目的語は文末に置かれる（⇒第1課§7）。

Klavier / Geige / Flöte spielen	「ピアノ / バイオリン / フルートを演奏する」
Tennis / Volleyball / Fußball spielen	「テニス / バレーボール / サッカーをする」
Walzer / Polka tanzen	「ワルツ / ポルカを踊る」
Deutsch / Französisch / Chinesisch lernen	「ドイツ語 / フランス語 / 中国語を学ぶ」

Ich spiele heute Nachmittag mit meinem Freund Tennis.
　私は今日の午後友人とテニスをする。

練習問題

Ⅰ．(　　)内の語を複数形に変えて文を作り、その文を日本語に訳しなさい。その際、冠詞および動詞の形が変わることにも注意すること。

1) Ich habe drei (Katze) und zwei (Hund) zu Hause.
　→

2) Der (Student) spielt gern Tennis.
　→

3) Die (Novelle) ist sehr interessant.
　→

4) Der (Wagen) gehört dem Sohn eines Professors.
　→

5) Der (Mann) kommt aus Deutschland.
　→

Ⅱ．次のドイツ語を日本語に訳しなさい。

1) Das Wort „Wort" hat zwei Pluralformen, nämlich Wörter und Worte. Die Form „Worte" bedeutet eine Äußerung bzw. einen Text.

2) Das Wort „Wasser" ist unzählbar, aber es bildet die Pluralformen „Wasser" und „Wässer": Stille Wasser / Wässer sind tief.

3) Großstädte in Deutschland haben einen Beinamen. Bremen hat den Beinamen „Stadtmusikantenstadt", Hameln den Beinamen „Rattenfängerstadt" und Nürnberg den Beinamen „Meistersingerstadt".

（注 Stille Wasser / Wässer sind tief. "静かな川は深い＝寡黙な人は腹の中で何を考えているか分からない"）

Ⅲ．次の日本語をドイツ語に訳しなさい。

1) その少年達はサッカーをするのが好きです。

2) その先生は生徒達にノートを数冊ずつプレゼントする。

Lektion 4

不規則動詞の現在人称変化、数詞

主語の意味的相違—遂行者と経験者

プラトンと並ぶギリシアの偉大な哲学者アリストテレスはその『自然学』の中で「変化しつつある者には変化を引き起こす変化者が存在する」と述べています。アリストテレスのこの言葉は言語における動詞について考える場合もとても重要です。

動詞の中にはその動作・行為を引き起こす主体（変化者）が存在し動作・行為が生じるものが数多くあります。ドイツ語の動詞では、kommen「来る」、laufen「走る」、lernen「学ぶ」、schlagen「打つ」、schreiben「書く」のようなものが思い浮かびます。これらの動詞はまとめて**行為動詞**（Handlungsverb）と呼ぶことができます。また、これらの動詞が表す動作・行為を引き起こす主体（変化者）は**遂行者**（Agens）と呼ぶことができます。

上に述べたような動詞の反対が**事象動詞**（Vorgangsverb）で、ドイツ語の動詞ではfallen「落ちる」、heilen「治る」、einschlafen「寝入る」、verblühen「(花が) しぼむ」、wachsen「育つ」のように非意図的な出来事を表す動詞がこのグループに属します。これらの動詞が表す出来事の体験者（アリストテレス流には「変化しつつある者」）は**経験者**（Experiencer）と呼ぶことができます。

さらに、経験者の状態を表す**状態動詞**（Zustandsverb）というグループを設けて区別することがあります。ドイツ語の動詞ではbleiben「居続ける」、kennen「知っている」、liegen「横たわっている」、sein「いる、ある」、wohnen「住んでいる」、haben「持っている」のような動詞が属します。

上記3種類の動詞は以下のように表されます：

(1) **Der Mann (A)** schreibt einen Brief.（動作の主体A＋動詞＋目的語）
　　その男性は手紙を書く。
(2) **Der Mann (E)** fällt in den Graben.（経験者E＋動詞＋前置詞句）
　　その男性は溝に落ちる。
(3) **Der Mann (E)** hat ein Buch.（経験者E＋動詞＋目的語）
　　その男性は本を持っている。

この動詞の区別は完了時制（第10課参照）、命令法（第12課参照）、受動態、非人称動詞（第16課参照）など様々な事柄に関わっています。

さあ、諳んじましょう！

Ans Haff nun fliegt die Möwe　　干潟に今やカモメは飛び
Und Dämmrung bricht herein;　　そして夕暮れが迫る
Über die feuchten Watten　　　　湿った砂洲の上一面
Spiegelt der Abendschein.　　　　夕日が光を反射する

Storm aus „Meeresstrand"　（シュトルム"海辺"より）

前置詞は第5課§2.参照

§1 不規則動詞の現在人称変化

fallen 落ちる

	単数	複数
1.	falle	fallen
2.	fällst	fallt
3.	fällt	fallen

fahren 乗り物で行く

	単数	複数
1.	fahre	fahren
2.	fährst	fahrt
3.	fährt	fahren

sprechen 話す

	単数	複数
1.	spreche	sprechen
2.	sprichst	sprecht
3.	spricht	sprechen

sehen 見える

	単数	複数
1.	sehe	sehen
2.	siehst	seht
3.	sieht	sehen

halten つかんでいる

	単数	複数
1.	halte	halten
2.	hältst	haltet
3.	hält	halten

laden 積む

	単数	複数
1.	lade	laden
2.	lädst	ladet
3.	lädt	laden

nehmen 手にとる

	単数	複数
1.	nehme	nehmen
2.	nimmst	nehmt
3.	nimmt	nehmen

treten 歩む

	単数	複数
1.	trete	treten
2.	trittst	tretet
3.	tritt	treten

stoßen 突く

	単数	複数
1.	stoße	stoßen
2.	stößt	stoßt
3.	stößt	stoßen

1. 語幹の母音（幹母音）が-a-の動詞は単数2人称・3人称で幹母音が-ä- [ε, ε:] に、幹母音が-e-の動詞は単数2人称・3人称で幹母音が-i-および-ie-になる。単数2人称・3人称の幹母音の長さは、語幹の-a-および-e-が短母音か長母音かによっている。

2. 語幹が-t, -dで終わる動詞は、規則動詞（⇒第1課）の場合とは異なり、単数2人称・3人称で口調上の-e-を取らない（例 lädst, lädt）。さらに、語幹が-tで終わる動詞は単数3人称で語尾-tが脱落する（例 hält）。

3. 上記1の例外として、nehmen, tretenのような動詞では、幹母音が長母音であっても単数2人称・3人称で幹母音が短母音-i-となる。

4. 少数の動詞は-o-と-ö-という幹母音の交替を示す。

Lektion 4

 練習 1. 次の動詞を現在人称変化させなさい。

1) fangen   2) schlafen   3) helfen   4) lesen   5) lassen
6) essen   7) empfehlen 8) raten   9) geben   10) laufen

§2 数詞（基数と序数）

数詞は、形容詞が名詞の性質・状態を示すのに対し、その数量を示す。数詞は基本的な数を表す基数と「何番目の」を意味する序数に大別される。

1 基数

0 null	10 zehn	20 zwanzig	30 **dreißig**
1 **eins**	11 elf	21 einundzwanzig	40 vierzig
2 zwei	12 zwölf	22 zweiundzwanzig	50 fünfzig
3 drei	13 dreizehn	23 dreiundzwanzig	60 **sechzig**
4 vier	14 vierzehn	24 vierundzwanzig	70 **siebzig**
5 fünf	15 fünfzehn	25 fünfundzwanzig	80 achtzig
6 sechs	16 **sechzehn**	26 sechsundzwanzig	90 neunzig
7 sieben	17 **siebzehn**	27 siebenundzwanzig	100 (ein)hundert
8 acht	18 achtzehn	28 achtundzwanzig	101 hunderteins
9 neun	19 neunzehn	29 neunundzwanzig	1000 (ein)tausend
			10000 zehntausend
			100000 hunderttausend

基数は、13から19までは「一桁を表す数詞 + zehn」、20から90までは一桁を表す数詞に -zig を付けて作る（太文字は不規則形）。また、21のような数詞は「一桁の位 + und + 二桁の位」という形をとる。尚、100万からは eine Million, zwei Millionen のような名詞形を用いる。

2 序数

0. nullt	10. zehnt	20. zwanzigst	30. dreißigst
1. **erst**	11. elft	21. einundzwanzigst	40. vierzigst
2. zweit	12. zwölft	22. zweiundzwanzigst	50. fünfzigst
3. **dritt**	13. dreizehnt	23. dreiundzwanzigst	60. sechzigst
4. viert	14. vierzehnt	24. vierundzwanzigst	70. siebzigst
5. fünft	15. fünfzehnt	25. fünfundzwanzigst	80. achtzigst
6. sechst	16. sechzehnt	26. sechsundzwanzigst	90. neunzigst
7. sieb(en)t	17. siebzehnt	27. siebenundzwanzigst	100. (ein)hundertst
8. **acht**	18. achtzehnt	28. achtundzwanzigst	101. hunderterst
9. neunt	19. neunzehnt	29. neunundzwanzigst	1000. (ein)tausendst
			10000. zehntausendst
			10000. hunderttausendst

序数は基数に -t（19. まで）、-st（20. 以上）を付けて作る（太文字は不規則形）。また、序数を数字で表記する場合は、基数とは異なり、数字の後にプンクト（.）を加える。

§3 基数の用法

基数は年号、時刻、値段などを表すために用いられる：

1 年号

700	(im Jahre) siebenhundert	700年に
1989	(im Jahre) neunzehnhundertneunundachtzig	1989年に
2011	(im Jahre) zweitausendelf	2011年に

年号は数詞の前に im Jahre を置くか、あるいは数詞のみで表す。in + 数詞という形式は存在しない。

2 時刻

時刻には、放送や時刻表などで用いられる24時間制と日常会話で用いられる12時間制の2種類がある。

24時間制	12時間制
8.10 Uhr acht Uhr zehn	zehn nach acht
8.15 Uhr acht Uhr fünfzehn	(ein) Viertel nach acht
	viertel neun
8.30 Uhr acht Uhr dreißig	halb neun
8.35 Uhr acht Uhr fünfunddreißig	fünf nach halb neun
8.45 Uhr acht Uhr fünfundvierzig	(ein) Viertel vor neun
	dreiviertel neun
1.00 Uhr ein Uhr	eins

尚、Viertel の後に直接数詞が置かれる場合、viertel のように小文字書きされる。

Wie viel Uhr ist es jetzt?/ Wie spät ist es jetzt? — Es ist acht Uhr fünfzehn. / Es ist viertel neun.　　今何時ですか？—8時15分です / 8時15分過ぎです。

3 値段

Was kostet das? — Das kostet 1,58 Euro.
　それはいくらですか？—1ユーロ58セントです。
Wie viel kostet dieses Buch? — Das kostet 7,30 Euro.
　この本の値段はいくらですか？—7ユーロ30セントです。

kosten は4格支配なので einen Euro となるはずであるが、特に cent（セント）の単位が続いた場合 ein Euro と発音されることが多い。

Lektion 4

 練習問題

I. ( )内に適切な形を補って文を完成させ、さらに( )内の語を用いてその問いに答えなさい。また、問いと答えの文を日本語に訳しなさい。

1) Wohin ( ) du? (fahren, nach Berlin).

2) Wem ( ) der Mann das Buch? (geben, ein Kind).

3) Was ( ) du? (lesen, die Zeitung).

4) Was ( ) du? (essen, ein Apfel).

5) Wem ( ) Hans? (helfen, der Vater)

II. 次のドイツ語を日本語に訳しなさい。

1) Die Geburt Karls des Großen fällt entweder in das Jahr 742 oder in das Jahr 747. Aber sein Todesdatum ist der 28. Januar 814.

2) Wozu dient Altgermanistik im dritten Jahrtausend?

3) Der Bundestag hat 630 Abgeordnete. Der Frauenanteil beträgt 36,8%.

（囲：**1.** in et. fallen "時期が〜に当たる"、**2.** wozu dient "何の役に立つのか？"、im dritten "第3の〜において"）

III. 次の日本語をドイツ語に訳しなさい。

1) このネクタイ（Krawatte）はいくらですか？—17ユーロ35セントです。

2) 今何時ですか？—午前8時14分です。

Lektion 5

不定冠詞類の格変化、前置詞と格支配

前置詞が格を選り好み？──格が前置詞を選り好み

　前置詞の格支配は不思議です。なぜ前置詞によって3格支配や4格支配の区別があるのでしょうか？　その理由は、古くは前置詞を伴わない格そのものに様々な意味があり、4格を例に取れば、1) 目的語（ein Buch lesen「本を読むこと」）の他に 2) 経路（einen Weg gehen「ある道を行くこと」）、3) 空間・時間の広がり（zehn Kilometer gehen「10キロ行くこと」）、4) 方向（(古) heimgehen, -kommen = nach Hause gehen, kommen「帰宅すること」）のような具合です。例えば前置詞の起源である副詞 an は「～に沿って、～を越えて、～の上へ、～へ向かって」のような経路、方向の意味を表し、4格が元々持っていた意味を強めていたと考えられます。尚、前置詞を伴わない4格は副詞的対格（Adverbialakkusativ）といいます。

空間の微妙な差にこだわるドイツ語の前置詞

　同じような意味を表す前置詞の違いを知ることも大切です。

1) an と bei はそれぞれ近接を表しますが、両者の違いは接触の有無にあり、Das Bett ist an der Wand. と Das Bett ist bei der Wand. の違いは、前者が壁との接触を含意しているのに対し、後者は壁との接触がないことを表しています。因みに、Er sitzt bei ihr. と Er sitzt neben ihr. の違いは、前者が "彼は一緒に話をするために彼女のそばに座っている" であるのに対し、後者は "彼は彼女と並んで座っている" という客観的な隣接を表す点にあります。

2) an と auf はそれぞれ表面的接触を表しますが、両者の違いは Er liegt am Boden.「彼は地面に横たわっている」と Er steht auf dem Boden.「彼は地面に立っている」のように、主語の姿勢が水平か垂直という点にあります。

3) nach と zu はそれぞれ方向および目標を表しますが、両者の違いは、Er fährt nach Deutschland.「彼はドイツに（乗り物で）行く」と Er geht zum Bahnhof. のように、前者は地名や方角を伴い、後者は普通名詞による目標点を伴う点にあります。また、in と zu は、Er geht ins Theater.「彼は劇場に芝居を見に行く」と Er geht zum Theater.「彼は劇場（の建物）に出かけて行く」のように、前者が移動後の目的を表す点にあります。学生の皆さんは zur Universität gehen ではなく in die Universität gehen を心がけましょう。

Lektion 5

> **さあ、諳んじましょう！**
>
> Aug' mein Aug', was sinkst du nieder?　　眼よ、私の眼よ、なぜお前は沈んでいるのか？
> Goldne Träume kommt ihr wieder?　　　　黄金の夢々よ、お前たちはなぜ戻って来るのか？
> Weg, du Traum! so Gold du bist.　　　　　去れ、夢よ！　お前がいかに金色に輝くものであれ
> Hier auch Lieb' und Leben ist.　　　　　　ここにも愛と生命があるのだ
>
> *Goethe* aus „*Auf dem See*"（ゲーテ"湖上で"より）
>
> 所有冠詞は第5課§1．参照

§1 不定冠詞類の種類と格変化

　不定冠詞類とは不定冠詞と同じ語形変化を示す語をいい、mein「私の」、dein「君の」、sein「彼の、それの」、ihr「彼女の」、unser「私たちの」、euer「君たちの」、ihr「彼らの、彼女らの、それらの」、Ihr「あなたの、あなた方の」のような所有冠詞、kein「（一つも）～ない」のような否定冠詞がここに属する。

1 meinの語形変化

	単数					
	男性		女性		中性	
1格	mein	1格	meine	1格	mein	
2格	meines	2格	meiner	2格	meines	
3格	meinem	3格	meiner	3格	meinem	
4格	meinen	4格	meine	4格	mein	

複数	
1格	meine
2格	meiner
3格	meinen
4格	meine

① dein, seinはmeinと同様の格変化を行う。mein/meines/meinem/meinenはそれぞれ「私の～は」、「私の～の」、「私の～に」、「私の～を」のように、日本語の助詞も含むことに注意。
② 不定冠詞には複数形がないのに対して、不定冠詞類では複数形は定冠詞類（⇒第6課）の語尾を用いて作られる。

2 ihrの語形変化

	単数					
	男性		女性		中性	
1格	ihr	1格	ihre	1格	ihr	
2格	ihres	2格	ihrer	2格	ihres	
3格	ihrem	3格	ihrer	3格	ihrem	
4格	ihren	4格	ihre	4格	ihr	

複数	
1格	ihre
2格	ihrer
3格	ihren
4格	ihre

3 unser / euer の語形変化

単数					
男性		女性		中性	
1格	unser / euer	1格	uns(e)re / eu(e)re	1格	unser / euer
2格	uns(e)res / eu(e)res	2格	uns(e)rer / eu(e)rer	2格	uns(e)res / eu(e)res
3格	uns(e)rem / eu(e)rem	3格	uns(e)rer / eu(e)rer	3格	uns(e)rem / eu(e)rem
4格	uns(e)ren / eu(e)ren	4格	uns(e)re / eu(e)re	4格	unser / euer

複数	
1格	uns(e)re / eu(e)re
2格	uns(e)rer / eu(e)er
3格	uns(e)ren / eu(e)ren
4格	uns(e)re / eu(e)re

◆ euer は unser と同様の格変化を行う。現代ドイツ語の話し言葉では uns(e)res, uns(e)rem, uns(e)ren、eu(e)res, eu(e)rem, eu(e)ren のように、語中の母音 e が脱落することが規範である。

§2 否定冠詞 kein の語形変化

単数			
	男性	女性	中性
1格	kein	keine	kein
2格	keines	keiner	keines
3格	keinem	keiner	keinem
4格	keinen	keine	kein

複数	
1格	keine
2格	keiner
3格	keinen
4格	keine

◆ ドイツ語の否定文（⇒第6課§5）

練習 1. 次の名詞句を単数形と複数形で格変化させなさい。

1) mein Bleistift　　2) dein Buch　　3) sein Auto　　4) ihr Heft
5) unser Sohn　　6) euer Haus　　7) ihre Tochter　　8) Ihr Kind

§3 前置詞と格支配

　ドイツ語の前置詞はその種類に従って特定の格との結びつきを示し、これは前置詞の格支配と呼ばれる。前置詞に支配される格は2格、3格、4格であり、3格と4格の両方を支配する前置詞もある。

Lektion 5

1　2格支配の前置詞
　2格を支配する前置詞には次のものがある：
statt「〜の代わりに」（英語：instead of 参照）、trotz「〜にもかかわらず」、während「〜の間（に・じゅう）」、wegen「〜ゆえに、〜のために（原因）」

Während des Semesters jobbt er nicht.　学期の間彼はアルバイトをしない。
Wegen des Schnees bleibt der Schüler den ganzen Tag zu Hause.
　雪のためにその生徒は一日中家に留まる。

2　3格支配の前置詞
　3格を支配する前置詞には次のものがある：
aus「〜（の中）から（外へ）」、bei「〜のそばで・に、〜の近くで・に、〜の際に」、gegenüber「〜の向かい側に」、mit「〜と一緒に、〜で（もって）」、nach「〜の後で（事後）、〜（の方）へ（方向）」、seit「〜以来、〜前から」、von「〜から（分離、起点）、〜に関して、〜のうちの、〜によって（動作主）（⇒第16課）」、zu「〜（の方）へ・に（目標）、〜まで（到達）、〜のために（目的）、〜のことには（結果）」
（尚、bisとzuの結び付いたbis zu「〜まで」（3格支配）もよく用いられる）

Ich fahre mit dem Bus zum Bahnhof.　私はバスで駅に行く。
Der Lehrer steigt aus der Straßenbahn.　その先生は路面電車から降りる。

3　4格支配の前置詞
　4格を支配する前置詞には次のものがある：
bis「〜まで」、durch「〜を通って・貫いて、〜の間ずっと、〜によって（仲介・手段）（⇒第16課）」、für「〜のために（目標）、〜のために・賛成して（支持）、〜にしては（判断基準）、〜の代わりに（代理）、〜に対して（対応）、〜と交換に・代価で（交換）、〜の予定で（予定期間）」、gegen「〜の方へ・に向かって、〜に逆らって、〜に対して・反抗して（反対）」、ohne「〜なしに・で、〜を除いて（除外）」、um「〜の周りに、〜頃に、〜時に（時）、〜の（分）だけ（差異）、〜をめぐって・に関して（関連）」

Meine Tochter lernt fleißig für die Prüfung.　私の娘は熱心に試験のために勉強をする（＝試験勉強をする）。
Ich wandere gern durch den Wald.　私は森を（通って）歩き回るのが好きです。

4　3・4格支配の前置詞
　3・4格を支配する前置詞には次のものがある（/ の左側は3格支配、右側は4格支配の場合の意味）：
an「〜に・で / へ（表面的接触・付着）、〜かたわら・そばに・で / へ、〜ほとりに、〜に（おいて）（地点・部位）/、〜のときに（時点）/」、auf「〜上（表面）に・で / へ、〜（公共の建物）で / へ、〜で / へ向かって、/ 〜の間・にわたって（予定）」、hinter「後ろに・で / へ」、in「〜（の中）に・で / へ、〜（のうち）に、〜かかって（時間範囲・所要時間）/、〜（の状態）で、〜のうちに/」、neben「〜の隣・横に・で/ へ、〜と並んで（比較して）/」、über「〜の上（方）に・で / へ（非接触）、〜（をおおって）上に / へ（被覆的接触）、〜の向こうに・で / 〜の（上を越えて）向こうへ（横断）、/〜の間中、〜の期間（の）中（で）、〜より上（位）に・で

25

（上位)/」、unter「～の下（方）に・で / へ、～のもとで（被支配)/、～中に・で/へ（混在)、～しながら（随伴)/、～の下（位）に・で / へ（下位)」、vor「～の前に・で / へ、～の前に、～以前、～の先（前）に・で / へ（優位)、～のあまり（不随意)/」、zwischen「～の間に・で / へ、～中に・で/へ（混在)」

Das Wörterbuch liegt auf dem Tisch.　　　　その辞書は机の上に置いてある。
Der Student legt das Wörterbuch auf den Tisch.　その男子学生はその辞書を机の上に置く。

§4　前置詞の融合形

前置詞は定冠詞・代名詞と融合した形を形成する。これを前置詞の融合形という。

1 前置詞と定冠詞の融合形

前置詞と定冠詞は次のように融合する。

① 3格との融合形：an dem→am, bei dem→beim, in dem→im, von dem→vom, zu dem→zum, zu der→zur（他にhinterm, überm, unterm, vormがある）

尚、im, zumは書き言葉、話し言葉ともに用いられるが、unterm, vormなどは主に話し言葉で用いられる。

② 4格との融合形：an das→ans, auf das→aufs, durch das→durchs, für das→fürs, in das→ins, um das→ums（他にhintern, hinters, übern, übers, untern, unters, vorsがある）

2 前置詞と人称代名詞の融合形

3・4格の人称代名詞が人ではなく事物を受ける場合には、da- という形で前置詞と融合する（英語：therefore参照）。前置詞が母音で始まる場合はdar-となる。

Ich gehe mit meinem Freund ins Kino. → Ich gehe mit ihm ins Kino.
　私は友人と映画を見に行く。　　　　　　　　私は彼と映画を見に行く。
Ich schreibe mit einem Kugelschreiber einen Brief. → Ich schreibe damit einen Brief.
　私はボールペンで手紙を書く。　　　　　　　　私はそれで手紙を書く。

§5　前置詞と疑問代名詞 was の融合形

3・4格の疑問代名詞wasはwo- という形で前置詞と融合する。前置詞が母音で始まる場合はwor-となる：

Mit wem gehen Sie ins Kino?　　誰とあなたは映画を見に行きますか？
Womit schreiben Sie einen Brief?　何を使ってあなたは手紙を書きますか？
（前置詞と疑問代名詞wasの融合形にはworan, worauf, woraus, wobei, wodurch, wofür, worin, wonach, worüber, wovon, wovor, wozuのような形がある）

Lektion 5

 練習問題

Ⅰ. (　　)内の語を適切な形に変えて下線部を補い、その文を日本語に訳しなさい。

1) Der Schüler wartet in ＿＿＿＿＿＿＿ (sein Zimmer) auf ＿＿＿＿＿＿＿ (sein Freund).

2) Nach ＿＿＿＿＿＿＿ (das Abendessen) gehe ich in ＿＿＿＿＿ (die Oper).

3) Hans kommt jetzt aus ＿＿＿＿＿ (das Zimmer).

4) Die Studentin wohnt ＿＿＿＿＿ (die Kirche) gegenüber.

5) Seit ＿＿＿＿ (ein Monat) wohnt der Student bei ＿＿＿＿＿ (sein Onkel).

Ⅱ. 次のドイツ語を日本語に訳しなさい。

1) Das Wort „Medien" stammt aus dem Lateinischen. Medium heißt „Mitte, Vermittler". Heute assoziieren wir damit Informations- und Kommunikationstechnologien.

2) Hiragana-Zeichen dienen im Japanischen der Schreibung von Funktionswörtern und Adverbien.

3) Nicht nur in Deutschland und in Österreich, sondern auch in der Schweiz spricht man Deutsch. Die Schweizer sagen Anken für Butter, Coiffeur für Friseur und Velo für Fahrrad.

Ⅲ. 次の日本語をドイツ語に訳しなさい。

1) 君達は夏休み（Sommerferien）どこで過ごす（verbringen）の？―海辺で過ごします。

2) 講義は午前9時に10番教室（Hörsaal 10）で始まり（beginnen）ます。

Lektion 6

定冠詞類の格変化、否定文

「そうでない」と言うのにも様々な方法が

　否定とは「そうでない」ということです。ドイツ語の否定表現には英語のnotに対応するnichtとnoに対応するkeinの2つの手段がありますが、nichtの位置およびnichtとkeinの使い分けは以下のようにとても複雑です。

(1)　Er ist nicht Student.「彼は大学生ではない」、Er ist nicht fleißig.「彼は勤勉ではない」
　　（述語の位置にある名詞あるいは形容詞）
(2)　Er spielt nicht Fußball.「彼はサッカーをしない」、Er geht nicht in die Schule.（熟語動詞）「彼は学校に行かない」（動詞と緊密に結びついた無冠詞の目的語）
(3)　Er hat kein Auto.「彼は車を持っていない」、Er hat keine Zeit.「彼は時間（の余裕）がない」（不定冠詞や無冠詞の目的語）
(4)　Er kommt heute nicht　彼は今日来ない。（文全体の否定）

「そうでない」の微妙な差 ── nicht と kein

　それでは Ein Student hilft mir. の否定文はどうなるでしょうか？

(5)　Kein Student hilft mir.　　　学生は誰も私を助けない。
(6)　Ein Student hilft mir nicht.「ある一人の学生が私を助けない」(=「一人の」特定の学生が助けないことを表す)
　　（なお(6)の文は非常に特殊である）

　ここでは「ある（**特定**の）〜の」と「〜は誰も（**不特定**の）」の区別が重要です。
　さらに nicht と kein の両方が用いられる文では kein は (8) のように**種類**を表します。

(7)　Sabine spielt nicht Klavier.　ザビーネはピアノを弾かない。
(8)　Sabine spielt kein Klavier.　ザビーネはどんなピアノも (= keine Art von Klavier) 弾かない。

　kein は (10) では人物の**所属・分類**さらに**評価**を表します。

(9)　Er ist nicht Lehrer.　「彼の職業は教師ではない」
(10) Er ist kein Lehrer.　「彼は教師なんかではない」

Lektion 6

> **さあ、諳んじましょう！**
>
> Und in den Nächten fällt die schwere Erde aus allen Sternen in die Einsamkeit ...
> Und doch ist Einer, welcher dieses Fallen unendlich sanft in seinen Händen hält.
>
> そして夜には重い地球がすべての星々の中から孤独へ落ちる。…
> それでもこの落下を限りなく優しくその両手で支えている一者が居る
>
> *Rilke „Herbst"* aus *„Das Buch der Bilder"*（リルケ形象詩集"秋"より）
>
> 関係代名詞は第18課§1. 参照

§1 定冠詞類の格変化

定冠詞類とは定冠詞と同じ語形変化をする語をいい、all, jeder, mancher のような不定代名詞（⇒第18課§9）、dieser, jener, solcher のような指示代名詞、welcher のような疑問代名詞がここに属する。

1 dieser の語形変化

	単数				
	男性		女性		中性
1格	dieser	1格	diese	1格	dieses
2格	dieses	2格	dieser	2格	dieses
3格	diesem	3格	dieser	3格	diesem
4格	diesen	4格	diese	4格	dieses

複数	
1格	diese
2格	dieser
3格	diesen
4格	diese

2 welcher の語形変化

	単数				
	男性		女性		中性
1格	welcher	1格	welche	1格	welches
2格	welches	2格	welcher	2格	welches
3格	welchem	3格	welcher	3格	welchem
4格	welchen	4格	welche	4格	welches

複数	
1格	welche
2格	welcher
3格	welchen
4格	welche

◆ welch- は単数2格に -(e)s を取る名詞が続くと welchen となることがある（⇒第8課§4）：
例 die Bewohner welchen/welches Landes「どの国の住民が」。
その他の代名詞も all-, jed-, manch-, jen-, solch- を基に定冠詞の語尾（⇒第2課§4）を付けて変化させる。

練習 1. 次の名詞句を単数形と複数形で格変化させなさい。

1) dieser Anzug   2) welches Kleid   3) jener Baum   4) manches Haus
5) solche Meinung   6) keine Blume

§2 定冠詞類の用法

1 all-：
① 単数形で不可算名詞（⇒第3課§2）とともに（例 alles Glück "あらゆる幸福"、Aller Anfang ist schwer.「（物事は）すべて初めが難しい」）
② 複数形で可算名詞複数形とともに（例 alle Länder「あらゆる国々」、all(e) diese/seine Kinder「これら / 彼のすべての子供たち」）

2 jed-：
① 通常可算名詞単数形とともに用いられる（例 Jedes Kind bekommt ein Geschenk.「どの子供もプレゼントをもらう」）
② 複数形（例 jede (= alle) zehn Minuten「10分ごとに」）

3 manch-：
① 単数形で可算名詞とともに（例 mancher Student「何人もの大学生（一人一人）」— mancherは単数形で複数の中の個々の要素に焦点を当てる複個数の意味を表す）
② 複数形で可算名詞複数形とともに（例 Manche Menschen sind anderer Meinung.「異なった意見を持つ人々も少なくない / かなりいる」）

4 dies-：名詞とともに（例 dieses Buch「この本」、dieser Baum hier「ここにあるこの木」、dieser Mann da/dort「そこ / あそこにいるその男性」）— 指示代名詞dieserおよびjenerは直接事物を指す直示的な意味を持ち、前後の事物を受ける照応的な人称代名詞（⇒第2課）と区別される。dieserは通常空間的に話者の近くにあるものを指すが（近称）、da/dortと用いられた場合には距離的区別ではなく関心の対象・焦点として＜心的な近さ＞が問題となり、日本語では「その」で訳される：diese Frau da「そこにいるその女性」。

5 jen-：名詞とともに（例 jener Mann dort「あそこにいるあの男性」）
— jenerは通常空間的に話者の遠くにあるものを指す（遠称）。また、口語ではder Mann dort「あそこにいるあの男性」のように、指示代名詞der/die/das（⇒第18課）が用いられる。

6 welch-：名詞とともに（例 welcher Mann「どの男性」）

Lektion 6

§3 所有冠詞の名詞的用法とその形

前の課（⇒第5課）で所有冠詞 mein, dein, sein の変化形を学んだが、「私のもの（英語 mine 参照）」のような名詞的用法では、所有冠詞は定冠詞類と同じ変化をする。

単数

	男性		女性		中性
1格	mein**er**	1格	meine	1格	mein(e)s
2格	meines	2格	meiner	2格	meines
3格	meinem	3格	meiner	3格	meinem
4格	meinen	4格	meine	4格	mein(e)s

複数

1格	meine
2格	meiner
3格	meinen
4格	meine

単数

	男性		女性		中性
1格	ihr**er**	1格	ihre	1格	ihr(e)s
2格	ihres	2格	ihrer	2格	ihres
3格	ihrem	3格	ihrer	3格	ihrem
4格	ihren	4格	ihre	4格	ihr(e)s

複数

1格	ihre
2格	ihrer
3格	ihren
4格	ihre

（太い文字は付加語的用法の所有冠詞と異なる箇所を示す）

Ist das dein Kugelschreiber? — Ja, das ist meiner.
　それは君のボールペンですか？　　— はい、それは私のものです。
Wessen Auto ist das? — Das ist mein(e)s.　それは誰の車ですか？ — それは私のものです。
Hier ist meine Brille. Wo ist deine?　これは私のメガネです。君のはどこですか？

§4 疑問代名詞

疑問代名詞は太文字の箇所を除いて定冠詞と同じ形を示す。

	人	事物
1格	wer	was
2格	**wessen**	wessen
3格	wem	—
4格	wen	was

1. wer は性・数に関係なく人の名前を問うのに用いられる（⇒第2課 §3）。
　　Wer ist der Mann?　その男性は誰ですか？
　　Wer ist die Frau?　その女性は誰ですか？

2 wasは性・数に関係なく事物・生物を問うのに用いられる。

Was ist das?　それは何ですか？　― Das ist ein Koala.　それはコアラです。
　　　　　　　　　　　　　　　　― Das ist eine Brille.　それは眼鏡です。
　　　　　　　　　　　　　　　　― Das ist ein Buch.　それは本です。

§5 ドイツ語の否定文

1 無冠詞（抽象名詞・物質名詞および可算名詞複数形（⇒第3課§1, 2）あるいは不定冠詞を持つ目的語がある場合は否定冠詞keinを用いる。

Hans hat ein Buch. → Hans hat kein Buch.　ハンスは本を持っていません。
Ich habe Zeit.　　 → Ich habe keine Zeit.　私は時間がありません。
Sie trinkt Wein.　 → Sie trinkt keinen Wein.　彼女はワインを飲みません。
Thomas schenkt seiner Mutter Blumen. → Thomas schenkt seiner Mutter keine Blumen.
　トーマスは母に花をプレゼントしません。

　無冠詞の名詞（物質名詞）に冠詞が付いて可算名詞（⇒第3課§2）になった場合はIch trinke nicht den Wein./ Ich trinke den Wein nicht.「私はその（銘柄の）ワインは飲みません/を飲みません」のようにnichtを用いる（部分否定と全文否定については2参照）。

2 無冠詞あるいは不定冠詞を伴う目的語を持たない文を否定する場合はnichtを用いる。

① 全文否定：nichtを文末に置く

Hans kommt heute nicht.　　　　　　　　　ハンスは今日来ません。
Ich benutze diesen Kugelschreiber nicht.　私はこのボールペンを使いません。

② 部分否定：nichtを否定する語の直前に置く。

Nicht alle Studenten lernen Deutsch.　すべての大学生がドイツ語を学んでいるわけではない。
Hans kommt nicht heute.　　　　　　　ハンスは今日は来ません。

　述語形容詞・名詞および結びつき成句を形成する場合は、述語形容詞・名詞および前置詞句の前にnichtが置かれる。

Thomas ist nicht fleißig.　　　トーマスは勤勉ではない。
Sabine spielt nicht Klavier.　 ザビーネはピアノを弾きません。
Hans geht nicht ins Kino.　　 ハンスは映画を見に行きません。

Lektion 6

 練習問題

Ⅰ．次の疑問文に否定で答え、問いと答えの文を日本語に訳しなさい。

1) Haben Sie Hunger?

2) Spielt der Junge nicht gut Fußball?

3) Besucht der Student heute Vorlesungen?

4) Ist das dein Auto?

5) Bittet der Student seinen Vater um Geld?

Ⅱ．下線部に適切な語尾を補って、その文を日本語に訳しなさい。

1) Welch__ Wochentag haben wir heute? ― Heute haben wir Freitag.

2) Dies__ Hemd gehört dem Studenten, und jen__ Hemd gehört dem Lehrer.

3) Jed__ Sprache hat ihre Schönheit.

4) Das Gerücht ist in all__ Munde.

5) Dies__ Winter fahren wir nach Hokkaido zum Skifahren.

Ⅲ．次のドイツ語を日本語に訳しなさい。

1) Sperlinge sind typisch für die Kategorie „Vogel". Aber Pinguine, Strauße oder Hühner sind nicht typisch für diese Kategorie.

2) Jeder achte Bürger in Japan ist unter 15 Jahre alt. Für ungefähr zwölf Millionen Kinder stehen rund 17 000 Kinderärzte zur Verfügung.

3) Sofa, Matratze, Kaffee und Zucker ― all diese Wörter stammen aus dem Arabischen.

Ⅳ．次の日本語をドイツ語に訳しなさい。
1) どの辞典が君のもの？―この図解辞典（Bildwörterbuch）だよ。

2) あなたのご趣味（Hobby）はなんですか？―私の趣味は昆虫採集（Insektensammeln）です。

Lektion 7

話法の助動詞、未来形

話法の助動詞

過去形が現在の意味を表す話法の助動詞とその不思議な意味

　プラトン著『ソクラテスの弁明』の冒頭でソクラテスは「アテーナイの人々よ！あなた方が私の告発者たちから何を影響されたのか私は**知らない**（ouk oida）」と人々に訴えます。このoida（オイダ）という語はギリシア語の動詞で形は現在完了ですが、意味は「知っている」という現在の意味です。この現在完了形はドイツ語の単数1・3人称weiß（< *wait（ワイト））と起源が全く同じで、両方とも「見て**しまっている**＞知っている」という共通の意味変化が起こっています。ドイツ語の話法の助動詞の幾つかはこのようにして形が過去形で意味が現在形になっています。因みにビデオ（ラテン語のvideō「見る」から）も同じ起源に遡ります。以下、それぞれについて見てみましょう。

1) sollen：*skal（スカル）＞ soll「借りて**しまっている**（完了語幹）＞返す義務がある＞（当然）すべきである」のような意味変化。「返す義務がある」という意味から「〜すべきである」、「相手・第3者から〜することが要求されている」、「〜することになっている」のようなsollenの様々な意味が生まれます。
2) dürfen：少し分かりにくいですが、darf「満足して**しまっている**（完了語幹）＞満足に不可欠なものを必要とする＞することが許されている」のような意味変化。

　子音と母音によるCaC-（Cは子音）というパターンが一度出来上がると、現在完了形ではなく現在形に由来するkönnen、mögenも類推によって話法の助動詞となりました。

3) mögen：mag「〜することが**できる**（現在語幹）＞〜してもよい」
4) können：kann「〜する知的能力が**ある**（現在語幹）＞〜することができる」（kennenや英語knowと同じ起源）
5) wollen：willは「〜するつもりである、〜したい（願望）」という意味から分かるように、第19課で扱う接続法（希求法）に由来。
6) müssen：mussもwollenと同様にCaC-というパターンから外れた形で、「〜の余地がある・できる」から「〜しなければならない」という具合に意味が変化しました（第20課アイヒェンドルフ"月夜"のmüsste参照）。

助動詞は未来志向

　英語と同様に、古くはドイツ語でも未来時制は＜sollen, wollen＋不定詞＞によって表されていましたが、後にドイツ語では＜werden＋不定詞＞が用いられるようになりました。sollenには必然的な義務、wollenには意志・願望という話法の助動詞の意味が付きまとっていたのに対し、＜werden＋不定詞＞にはそのような余計な意味がなかったからです。

Lektion 7

> **さあ、読んじましょう！**
>
> Die Schritte der Menschheit sind langsam. Man kann sie nur in Jahrhunderten messen.
>
> 人類の歩みはゆっくりしている。それは世紀によってしか測ることができない
>
> *Büchner* aus „*Dantons Tod*"（ビューヒナー "ダントンの死" より）

§1 話法の助動詞

話法とはドイツ語のmodalの訳で、この語は法（Modus）（⇒第19課）、心態詞（Modalpartikel）（⇒第12課）、話法の助動詞（Modalverb）など多くの語に現れている。また、その表す意味は話者が発話に対して下す主観的判断である。話法の助動詞には次のものがある：dürfen「～してもよい」、können「～できる」、mögen「～かもしれない」、müssen「～しなければならない」、sollen「～すべきである」、wollen「～するつもりである」。

話法の助動詞は文末に不定詞を伴って枠構造を形成する。

Ich kann Deutsch sprechen. 　　私はドイツ語を話すことができる。
Ich muss es tun. 　　私はそれをしなければならない。

§2 話法の助動詞の現在人称変化

dürfen

	単数	複数
1.	darf	dürfen
2.	darfst	dürft
3.	darf	dürfen

können

	単数	複数
1.	kann	können
2.	kannst	könnt
3.	kann	können

mögen

	単数	複数
1.	mag	mögen
2.	magst	mögt
3.	mag	mögen

müssen

	単数	複数
1.	muss	müssen
2.	musst	müsst
3.	muss	müssen

sollen

	単数	複数
1.	soll	sollen
2.	sollst	sollt
3.	soll	sollen

wollen

	単数	複数
1.	will	wollen
2.	willst	wollt
3.	will	wollen

◆sollenを除いて単数形と複数形で語幹の母音が変化することに注意。また、過去形（⇒第9課）と同様に、単数1・3人称が同形となり、そのため話法の助動詞は過去現在動詞（Präteritopräsens）と呼ばれることもある。

§3 話法の助動詞の主な用法と意味

1 dürfen
① 許可「～してもよい、することが許されている」：Er darf ins Kino gehen.
　　　　　　　　　　　　　　　　　　　　　　　　　彼は映画を見に行ってもよい。
② 禁止（nichtとともに）「～してはいけない」：Du darfst nicht rauchen.
　　　　　　　　　　　　　　　　　　　　　　　君はタバコを吸ってはいけない。

2 können
① 可能「～することができる」：Sie kann Auto fahren.　　　彼女は車の運転ができる。
　 依頼（2人称とともに）「～してください」：Kannst du bitte mitkommen?　一緒に来てくれるかい？
② 推量「～があり得る、～かもしれない」：Er kann jeden Augenblick kommen.
　　　　　　　　　　　　　　　　　　　　　　　　彼は今にも来るかもしれない。

3 mögen
① 欲求・願望（nichtとともに）「～したくない」：Jetzt mag ich nichts essen. 今は何も食べたくない。
　 「～したい」（接続法Ⅱ式で）（⇒第20課）：Jetzt möchte ich etwas essen.　今何か食べたい。
② 推量「～かもしれない」：Es mag wahr sein.　それは本当かもしれない。

4 müssen
① 必然・必要「～しなければならない」：Ich muss Deutsch lernen.
　　　　　　　　　　　　　　　　　　　　　私はドイツ語を学ばなければならない。
② 確信「～に違いない」：Er muss krank sein. 彼は病気に違いない。

5 sollen
① 義務「（社会的規範などにより）～すべきである・するのが当然である」：
　 Du sollst deine Eltern ehren.　　　　　　　　君は両親を敬うのが当然である。
　 予定「～の予定である」：Er soll morgen eintreffen.　彼は明日到着する予定である。
② 噂「～という話だ」：Er soll sehr reich sein.　　　彼はとても裕福だそうだ。
③ 意志①（話者の2・3人称の相手に対する）「～してほしい、～するように」：
　 Das sollst du haben.　　　　　　（私は）君にそれをあげよう。
　 Er soll sofort zu mir kommen.　彼にすぐ私のところに来るように言ってください。
　 意志②（2・3人称の相手の話者に対する）「～するように言われている・頼まれている」：
　 Ich soll Sie von ihm grüßen.　　　　　　私は彼からあなたに挨拶するように言われている
　　　　　　　　　　　　　　　　　　　　　（＝ 彼からよろしくとのことです）。
　 （疑問文で相手の意向を尋ねる）「～しましょうか」：Soll ich das Fenster aufmachen?
　　　　　　　　　　　　　　　　　　　　　　　　　　　　窓を開けましょうか？

Lektion 7

6 wollen

① 意志・意図「〜するつもりである、〜したい・しよう（と思う）」：
Ich will das Buch kaufen. 　　　　　　　私はその本を買うつもりだ。
Was wollen Sie eigentlich damit sagen?　あなたはいったいそれで何が言いたいのですか？

② 主張「〜と言い張っている」：Der Mann will Schriftsteller sein.
　　　　　　　　　　　　　　　　　　　その男性は作家だと言い張っている（＝作家気取りである）。

§4 話法の助動詞の本動詞としての用法

ドイツ語の助動詞は不定詞を伴わずに単独で本動詞として用いられることがある。

1 können「〜できる」：Er kann Deutsch. 　　　　　　彼はドイツ語ができる。

2 mögen「〜が好きである」：Ich mag Fleisch. 　　　私は肉が好きだ。
　因みに、möchte（⇒第20課）を使ったIch möchte ein Glas Wasser.は「私は水が一杯欲しい、水を一杯お願いします」を意味する。このように、要求・願望の用法を含めて、助動詞mögenには直説法と接続法によって、計4通りの用法がある（⇒ §3 ③）。

3 wollen「〜が欲しい、〜を望む」：Er will nur dein Glück. 　彼は君の幸運だけを望んでいる。

また、助動詞は方向を示す前置詞句、副詞とともに用いられる時は、gehen, kommen, fahrenなどの移動を表す不定詞は省略される：Kann ich durch?「通り抜けても良いですか、通していただけませんか？」、Ich muss sofort nach Hause.「私はすぐ帰宅しなければならない」。

§5 知覚動詞・使役動詞および lernen, lehren, helfen

知覚動詞（sehen, hören, fühlen）と使役動詞（lassen）およびlernen, lehren, helfenは話法の助動詞と同様に不定詞と結びつく。

Ich sehe ihn laufen. 　　　　　　　　　　私は彼が走っているのが見える。
Ich höre sie singen. 　　　　　　　　　　私は彼女が歌っているのが聞こえる。
Ich lasse meinen Sohn zur Post gehen. 　私は息子を郵便局へ行かせる。

§6 未来時制の形式およびその用法

ドイツ語の未来時制は「werden + 不定詞（文末）」により表される。ドイツ語では未来の時を表すのに「現在形＋時の副詞」も用いられるが、断定と非断定という話者の態度の違いが生じる。

Thomas kommt später. 　　　　トーマスは後で来る。　　　（断定）
Thomas wird später kommen. 　トーマスは後で来るだろう。（非断定）

このように、純粋に未来の時を表すのは現在形であり、未来形は話法的な意味も含んでいる。未来形は人称に従って異なった話法的意味を表す。

　　1人称：**決意**「〜するつもりである」：Ich werde es tun.　　　　　　　　私はそれをするつもりである。
　　2人称：**命令**「〜するのだ」：Du wirst deine Hausaufgaben machen.　お前は宿題をするのだ！
　　3人称：**推量**「〜だろう」：Er wird wohl krank sein.　　　　　　　　　彼はおそらく病気だろう。

　mögen, wollen, werdenの1人称形ich möchte/ will/ werdeはそれぞれ**願望**「〜したい」、**意志**「〜したい・しよう（と思う）」、**決意**「〜するつもりである」を表す。

　また、ドイツ語では未来の事柄は現在形と時の副詞で表すことが多い（⇒第1課§4）：
Sie reist morgen ab.　彼女は明日旅に出る。

Lektion 7

練習問題

Ⅰ．(　　)内の語を適切な形に変えて下線部を補い、その文を日本語に訳しなさい。

1) Ich _____(müssen) noch eine Stunde arbeiten.

2) Was _____(mögen) Sie lieber, Wein oder Bier? ― Ich _____(mögen) lieber Wein.

3) _____(dürfen) ich hier rauchen? ― Nein, aber Sie _____(können) im Raucherzimmer rauchen.

4) Klaus _____(wollen) Ingenieur werden.

5) Bei Rot _____(dürfen) du die Straße nicht überqueren.

Ⅱ．次のドイツ語を日本語に訳しなさい。

1) Im Mittelalter wie auch heute sagt man: „Kein Meister darf dem anderen ins Handwerk pfuschen."

2) Fast jeder vierte Japaner muss einmal pro Jahr ins Krankenhaus, so steht es in einer Statistik.

3) Im Gegensatz zum Deutschen kann man im Italienischen anhand bestimmter Endungen das Geschlecht eines Wortes erkennen: il vino „der Wein"―la pizza „die Pizza".
(注 1. jm ins Handwerk pfuschen " ～の仕事に口を出す→～の縄張りをおかす ")

Ⅲ．次の日本語をドイツ語に訳しなさい。

1) 私達は遠くで（in der Ferne）雷が鳴る（donnern）のが聞こえます。

2) 旅立つ（Abreise）の前に君は費用の見積もり（einen Kostenvoranschlag）を作成してもらう（machen lassen）ように（sollen）。

Lektion 8

形容詞の格変化、形容詞の名詞的用法

「評価」を重んじるドイツ語の形容詞

　「古き良き時代の」という表現は日頃よく耳にする言葉で、その後に「青春映画、アメリカ」など様々な語が連なります。日本語では古いという形容詞が最初に現れ、良きが続きますがドイツ語では gute alte Zeit のように評価を表す gut が先頭に来ます。

　形容詞の意味的分類「評価の形容詞(gut, übel, *usw.*)」、「空間の形容詞(lang, kurz, *usw.*)」、「知覚の形容詞(hell, dunkel, *usw.*)」、「速度の形容詞(schnell, langsam, *usw.*)」、「精神の形容詞(klug, dumm, *usw.*)」、「時間・年齢の形容詞(alt, jung, *usw.*)」、「色彩の形容詞(rot, blau, *usw.*)」の文中での順番（→）は次の通りです。

　　　　　評価 → 空間 → 知覚 → 速度 → 精神 → 時間 → 色彩
1) sein　　　　　　　　　　　schnelles　　　neues　rotes　Auto
2) ein　　schöner　　heißer　　　　　　　　　　　　　　　Tag
3) meine　　große　　　　　　　　　　　　　　alte　　　　Wanduhr
4) der　　　　　　　　　　　　　　　　hungrige　schwarze Hund

[1) 彼の速い新しい赤い車、2) よく晴れた暑い日、3) 私の大きな古い柱時計、4) その飢えた黒い犬]

形容詞の語尾変化はもう１つの関係文

　ドイツ語は日本語と比べて１つの名詞を多くの形容詞で修飾します。修飾は「赤い（色の）車」「赤い色をした車」のように関係文で書き換えることができます。形容詞の修飾用法と関係文の緊密な結び付には理由があります。ドイツ語では das rote Auto, ein rotes Auto, roter Wein というように形容詞は名詞の前で語尾変化をしますが、この -er, -es という語尾は人称代名詞と同じ形であることはすぐに分かります。これはドイツ語の祖先が修飾を関係文で表現していた時代の名残で、語順を逆にすると *Wein er rot「赤い色をしたワイン」となり、多くのヨーロッパ古語でも同じ言い回しが確認されています。

　述語的用法では形容詞は無変化ですが、Der Himmel ist voller Sterne.「空は星でいっぱいである」のように語尾変化を伴った述語用法 voller の形が例外的に残っていますので、これを比較級の語尾と混同しないように気を付けなければなりません。

Lektion 8

> **さあ、諳んじましょう！**
>
> Das Schönste ist wesentlich das Geistige, das sich sinnlich äußert, sich im sinnlichen Dasein darstellt. 最も美しいものは本質的に、具象的に現れ、具象的な存在において姿を現す精神的なものである
>
> *Hegel aus „Vorlesungen über die Ästhetik"*（ヘーゲル"美学講義"より）
>
> 再帰動詞は第17課§1. 参照

§1 形容詞の用法

ドイツ語の形容詞は ①述語的用法、②付加語的用法に大別され、後者のみ格変化を示す。

① **述語的用法** ─ 主語と述語が sein ～である、bleiben ～のままである、werden ～になる のようなコプラ（繋辞）で結び付けられている文で、述語として用いられる場合。

Die Stadt ist sehr schön.　　その町はとても美しい。

② **付加語的用法** ─ 名詞の前に置かれ名詞を修飾する用法で、冠詞の有無と冠詞の種類に従って①弱変化、②混合変化、③強変化の3種類がある。

①die sehr schöne Stadt　　そのとても美しい町
②eine sehr schöne Stadt　　あるとても美しい町
③schöne Blumen　　　　　（何本もの）美しい花

§2 弱変化（定冠詞（類）+ 形容詞 + 名詞）

単数／男性名詞

1格	der	gute Mann
2格	des	guten Mann(e)s
3格	dem	guten Mann
4格	den	guten Mann

単数／女性名詞

1格	die	gute Frau
2格	der	guten Frau
3格	der	guten Frau
4格	die	gute Frau

単数／中性名詞

1格	das	gute Kind
2格	des	guten Kind(e)s
3格	dem	guten Kind
4格	das	gute Kind

複数

1格	die	guten Leute
2格	der	guten Leute
3格	den	guten Leuten
4格	die	guten Leute

◆弱変化の語尾は男性単数1格、女性・中性単数1・4格が-eであるのを除いてすべて-enに終わる。

§3 混合変化（不定冠詞（類）＋ 形容詞 ＋ 名詞）

単数／男性名詞
- 1格 ein guter Mann
- 2格 eines guten Mann(e)s
- 3格 einem guten Mann
- 4格 einen guten Mann

単数／女性名詞
- 1格 eine gute Frau
- 2格 einer guten Frau
- 3格 einer guten Frau
- 4格 eine gute Frau

単数／中性名詞
- 1格 ein gutes Kind
- 2格 eines guten Kind(e)s
- 3格 einem guten Kind
- 4格 ein gutes Kind

複数
- 1格 gute Leute
- 2格 guter Leute
- 3格 guten Leuten
- 4格 gute Leute

複数
- 1格 meine guten Kinder
- 2格 meiner guten Kinder
- 3格 meinen guten Kindern
- 4格 meine guten Kinder

◆混合変化は男性単数1格が -er、中性単数1・4格が ―es に終わる以外は弱変化と同じ語尾を持つ。不定冠詞類には複数形がある（第5課§1）。尚、複数形 gute Leute は強変化である。

§4 強変化（形容詞 ＋ 名詞）

単数／男性名詞
- 1格 guter Wein
- 2格 guten Wein(e)s
- 3格 gutem Wein
- 4格 guten Wein

単数／女性名詞
- 1格 gute Milch
- 2格 guter Milch
- 3格 guter Milch
- 4格 gute Milch

単数／中性名詞
- 1格 gutes Bier
- 2格 guten Bier(e)s
- 3格 gutem Bier
- 4格 gutes Bier

複数
- 1格 gute Leute
- 2格 guter Leute
- 3格 guten Leuten
- 4格 gute Leute

◆強変化は男性・中性単数2格の -en を除いて定冠詞類（⇒第6課§1）と同じ語尾を持つ。強変化の単数形は不可算名詞（⇒第3課§2）の前で用いられる。

練習1. 次の名詞句を単数形と複数形で格変化させなさい（6, 7, 8 は単数形のみ）。

1) der nette Mann　2) diese neue Brille　3) ein dickes Buch　4) ein fleißiger Student
5) jener hohe Baum　6) schwarzer Tee　7) frische Luft　8) heißes Wasser

Lektion 8

§6 形容詞の名詞的用法（§7、§8）

ドイツ語の形容詞は後続する名詞を省略し、さらに頭文字を大文字書きすることによって名詞として用いられる。これを形容詞の名詞的用法と呼ぶ。

§7 定冠詞（類）＋名詞化された形容詞

弱変化　（der Gute　その善良な男性は、die Gute　その善良な女性は（を）、das Gute　その良い事・物は（を）、
　　　　　　die Guten　それらの良い人々は（を））

単数／男性名詞
1格　der　Gute
2格　des　Guten
3格　dem　Guten
4格　den　Guten

単数／女性名詞
1格　die　Gute
2格　der　Guten
3格　der　Guten
4格　die　Gute

単数／中性名詞
1格　das　Gute
2格　des　Guten
3格　dem　Guten
4格　das　Gute

複数
1格　die　Guten
2格　der　Guten
3格　den　Guten
4格　die　Guten

§8 不定冠詞（類）＋名詞化された形容詞

混合変化　（ein Guter　ある一人の善良な男性は、eine Gute　ある一人の善良な女性は（を）、(etwas) Gutes
　　　　　　　（何か）良い事・物は（を）、Gute　（不特定多数の）良い人々は（を）

単数／男性名詞
1格　ein　　Guter
2格　eines　Guten
3格　einem Guten
4格　einen　Guten

単数／女性名詞
1格　eine　Gute
2格　einer Guten
3格　einer Guten
4格　eine　Gute

単数／中性名詞
1格　ein　　Gutes
2格　eines　Guten
3格　einem　Guten
4格　ein　　Gutes

単数／中性名詞
1格　(etwas) Gutes
2格　Gutes
3格　(etwas) Gutem
4格　(etwas) Gutes

複数
1格　Gute
2格　Guter
3格　Guten
4格　Gute

◆中性2格Gutesはetwasと結び付かない。

§9 形容詞の名詞的用法熟語表現

名詞的用法中性形は不定代名詞 etwas, nichts, viel, wenig とともに同格的に用いられる。
etwas Neues　何か新しい事・物、nichts Neues　何も新しい事・物はない、viel Gutes　多くの良い事・物、
wenig Gutes　良い事・物はほとんどない

Steht etwas Neues in der Zeitung?　　　新聞に何か新しい事が載っていますか？
　　− Nein, nichts Erwähnenswertes.　　　―いいえ、何も言うに値する事は載っていません。
Sie hat mir viel Gutes getan.　　　彼女は私に大変親切にしてくれた。

Lektion 8

 練習問題

Ⅰ. (　　)内の語を使って問いに答え、問いと答えの文を日本語に訳しなさい。

1) Was wollen Sie?（ein roter Bleistift / ein blauer Anzug）

2) Wessen Brille ist das?（dieser alte Mann / meine liebe Großmutter）

3) Wem gehört das Fahrrad?（ein kleiner Junge / das hübsche Mädchen）

4) Was für einen Kugelschreiber suchen Sie?（ein schwarzer / roter Kugelschreiber）

5) Welchen Menschen meinen Sie?（die kleine Frau / der große Mann）

Ⅱ. 次のドイツ語を日本語に訳しなさい。

1) Ein Farbadjektiv kann je nach dem Bezugswort unterschiedliche Teile eines Objekts modifizieren. Bei „ein roter Apfel" bedeutet das Adjektiv *rot* die Farbe der Schale, bei „eine rote Orange" die Farbe des Fruchtfleisches.

2) Jugendliche gebrauchen Jugendsprache zur gruppeninternen Verständigung. Sie verwenden die Sprache selten in der Familie.

3) Das Adjektiv ist der Feind des Substantivs. Diese berühmten Worte von Paul Valéry warnen vor einer exzessiven Dekoration von inhaltsarmen Reden.

Ⅲ. 次の日本語をドイツ語に訳しなさい。

1) その若い母親は子供を大きな木の下の石造りのベンチ（eine steinerne Bank）の上に寝かせる（legen）。

2) 私のある知り合いの男性（ein Bekannter）が来週ドイツに出張し（eine Dienstreise machen）ます。

Lektion 9

動詞の3基本形と過去人称変化

時制とは

　ドイツは東西南北に鉄道網が発達していて一日あれば北の端から南の端まで行くことができます。学期中なのに一人ドイツの北部を旅していた時、指導教官の先生からすぐ戻るように命じられた際にはIch fahre morgen nach Frankfurt zurück.「明日フランクフルトに戻ります」と伝え、朝早く出発し昼過ぎにはFrankfurtに到着したことがあります。Frankfurtの大学に戻ることは明日なのに動詞は現在形が使われます。このような時にドイツ語の動詞の時制と過去から未来へと続く"時間"という概念との隔たりを実感します。このことはなにもドイツ語に限ったことではなく日本語でも「明日戻ります」という形が使われます。「昨日戻りました」とペアーを成すので日本語には過去 vs. 非過去の対立しかないという考え方がありますが、上のような例からドイツ語でも同じことが言えます。

　時間という概念は"過去─現在─未来"という具合に過去から未来へ向かって伸びて行くもので、言語の時制形は現在（いま）を基準として時間軸の上に動作や状態を位置づけるものであると言われています。その際、起点となるのは言葉を発している現在であり、現在からみて過去の事柄か未来の事柄かということが重要です。過去の事柄はすでに事実として存在しているので、ドイツ語では書き言葉と話し言葉でそれぞれIch fuhr gestern nach Frankfurt zurück.（過去形）/ Ich bin gestern nach Frankfurt zurückgefahren.（現在完了形）と2つの時制を使って表現できます。未来の事柄はまだ起こっていないので多分に推測の意味が含まれています。そのために、例えば英語ではwillのような本来話者の意志・願望を表す助動詞が未来形の表現に用いられています。「～するつもりである、～したい」という意欲は未来へ向かっての動作の志向と結びついているからだと考えられます。ドイツ語でも古くは英語と同様にwollen, sollenなどの助動詞が未来の助動詞として用いられていましたが、現代ドイツ語ではwerden+不定詞（古くは現在分詞）が未来形として用いられています。

　上に述べたように、ドイツ語では未来に起こると話者が断定できる場合には現在形が使われます。自分がある場所にいつ戻るかということは最も断定可能な出来事と言えます。一方、werden+不定詞は話者が断定できない推量の意味を含む事柄の表現に用いられます。言語の時制形と時間という概念が必ずしも一対一で対応しないことはすでに述べた通りです。

　ドイツ語では現在、過去、未来という3つの時制にさらに現在完了、過去完了、未来完了を加えた6つの時制の区別がありますので、それぞれがどのような意味を表すかということに注意する必要があります。

Lektion 9

> **さあ、諳んじましょう！**
>
> Sie trug den Becher in der Hand— 　　彼女は手に杯をささげて来た
> —Ihr Kinn und Mund glich seinem Rand— 　　彼女のあごと口はその縁に似ていた
> So leicht und sicher war ihr Gang, 　　その足取りはとても軽やかでしっかりしていたので
> Kein Tropfen aus dem Becher sprang. 　　一滴も杯からこぼれることはなかった
>
> *Hofmannsthal* aus „*Die Beiden*"（ホーフマンスタール"ふたり"より）

§1 強変化動詞の3基本形

ドイツ語の動詞には強変化動詞、弱変化動詞、混合変化動詞の区別がある。強変化動詞の3基本形はⅠ．不定詞、Ⅱ．過去、Ⅲ．過去分詞における語幹母音の変化がその特徴であり、次の3つのタイプに分類できる。

① Ⅰ、Ⅱ、Ⅲの語幹母音がすべて異なるもの：binden – band – gebunden, bitten – bat – gebeten
② Ⅱ、Ⅲが同じでⅠが異なるもの：gleiten – glitt – geglitten, bieten – bot – geboten
③ Ⅰ、Ⅲが同じでⅡが異なるもの：fahren – fuhr – gefahren, messen – maß – gemessen

§2 弱変化動詞の3基本形

弱変化動詞の3基本形については、過去形は語幹に接尾辞 -te、過去分詞は語幹に接頭辞 ge- と接尾辞 -t を加えることによって規則的に作られる。また、語幹が -d, -t, ＜-l,-r 以外の子音 + m-,n-＞で終わる動詞は語幹と接尾辞 -te および -t の間に母音 -e- をはさむ：

lernen – lernte – gelernt, machen – machte – gemacht
arbeiten – arbeitete – gearbeitet, öffnen – öffnete – geöffnet

尚、-ieren で終わる動詞および前つづり be-, emp-, ent-, ge-, er-, ver-, zer-, miss- を持つ動詞（⇒第12課非分離動詞）は過去分詞で接頭辞 ge- を取らない：studieren – studierte – studiert, besuchen – besuchte – besucht。

§3 混合変化動詞の3基本形

混合変化動詞の3基本形は、弱変化動詞の3基本形と同様に、過去形は語幹に接尾辞 -te、過去分詞は語幹に接頭辞 ge- と接尾辞 -t を加えることによって規則的に作られるが、語幹母音が変化する点が強変化動詞と共通である：

bringen – brachte – gebracht, denken – dachte – gedacht
混合変化動詞には他に brennen, kennen, nennen, rennen, senden, wenden, wissen が属する。

 練習1. 次の動詞の3基本形を書きなさい。

1) tragen　　2) diskutieren　　3) essen　　4) haben　　5) kennen
6) müssen　　7) rennen　　8) sein　　9) tun　　10) wissen

§4 動詞の過去人称変化

ドイツ語の過去形は人称変化を行う。過去単数1・3人称形は過去基本形と呼ばれる。

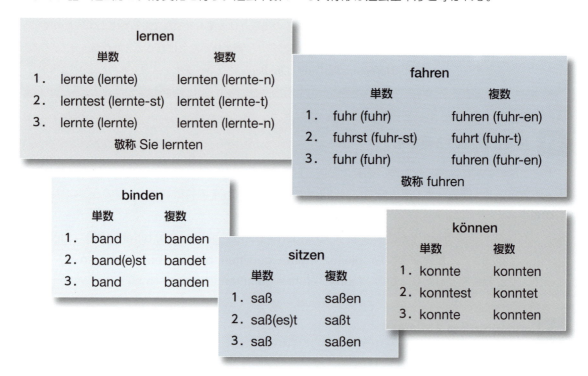

① 弱変化動詞の過去形は、過去基本形-teの後に単数2人称-st、複数1・3人称-n、複数2人称-tの語尾を付加する。強変化動詞の過去形は複数1・3人称-enのみが弱変化動詞と異なる。
② 過去基本形が-t, -d, –schで終わる動詞は単数2人称-(e)st、複数2人称-etとなる。
③ 過去基本形が-s, ,-ß, -z, –chsで終わる動詞は単数2人称の人称語尾は-(es)t、複数2人称は-tになる。
④ 話法の助動詞の過去形では、不定詞の幹母音ö,ü（ウムラウト）はo,uになる。

 練習2. 次の動詞を過去人称変化させなさい。

1) kommen　　2) finden　　3) messen　　4) nennen

§5 過去時制の用法

時制とは動詞の表す行為・状態を時間軸上にどう位置づけるかということである。現在時制の意味が、「現時点における行為・状態の継続」（**動作時、発話時、観察時＝現在**）であるのに対し、過去時制の意味は「過去に生じた行為・状態の報告」（**動作時、観察時＝過去＜発話時＝現在**）である。従って、過去時制は発話時（現在）と接点を持たない時制であり、その意味は「過去の出来事を現在と切り離して述べる時制」と定義できる。また、過去時制の様々な用法もそのような基本的な意味によっている。

Lektion 9

ドイツ語では、haben, sein, 話法の助動詞を除いて、過去時制は「書き言葉」で用いられる：

① 小説、物語における筋の展開：Er stand auf und verabschiedete mich.
　　　　　　　　　　　　　　　　　彼は立ち上がって、私に別れを告げた。

② 歴史的叙述：

71 Tage nach seiner Abreise - genau am 12. Oktober 1492 - landete Christoph Kolumbus auf den Westindischen Inseln.

出航から71日後－正確には1492年10月12日に－クリストフ・コロンブスは西インド諸島に上陸した。

③ ジャーナリズム（新聞、雑誌、テレビ、ラジオなど）における過去の出来事の報告：

Am Mittwoch ging die Debatte um den Bundeswehreinsatz in Afghanistan in die nächste Runde.

水曜日には連邦国防軍のアフガニスタン投入をめぐる議論は次のラウンドに入った。

練習問題

I. 下線部の動詞を過去形に変えて、日本語に訳しなさい。

1) Der Lehrer sitzt an seinem Tisch und sieht zu uns hinüber.

2) Die Studentin denkt an ihre Heimat und ist in Gedanken versunken.

3) Der Tourist fragt einen Passanten nach dem Weg, und der Passant antwortet ihm freundlich.

4) Der Mann isst ein Steak mit Salat, aber seine Frau trinkt nur einen Kaffee.

5) Das Kind will etwas sagen, aber es sagt nichts.

II.

1) Schon im Jahr 1996 führten zehn Bundesländer die neue Schreibregelung in den Grundschulen ein. Zu den Gegnern der Rechtschreibreform zählten berühmte Schriftsteller wie Günter Grass, Siegfried Lenz und Martin Walser.

2) Am 7. Dezember 1970 sank der Kanzler Willy Brandt bei einer Kranzniederlegung vor einem Denkmal in Warschau plötzlich auf die Knie. Diese Geste der Demut gehört zur Geschichte des 20. Jahrhunderts.

3) Am 29. Oktober vormittags hob ich meine Gattin und Katharina in den Wagen, wir sagten einander das letzte Lebewohl, versprachen fleißiges Briefschreiben, und der Wagen rollte dahin. (Adalbert Stifter „Aus dem bairischen Walde")

III. 次の日本語をドイツ語に訳しなさい。

1) 彼はまず（zuerst）浜辺に行って（an den Strand gehen）、しばらくたった後で（nach einer Weile）沖まで泳いで行った（bis auf die offene See schwimmen）。

2) 80年代まで（bis in die achtziger Jahre）人々（man）はDruckerという単語のもとに（unter dem Wort „Drucker"）もっぱら（ausschließlich）人間（Mensch）を理解していた（verstehen）。今日では人々はそれを聞くと（dabei）まず第一に（als Erstes）道具（Gerät）を思い浮かべる（an et. denken）。

Lektion 10

完了時制

現在完了と過去の違い

　前の課で言語の時制は現在を起点として時間軸の上に動作や状態を位置づけるものであると述べましたが、時制を考える上でもう一つ重要なのは観察時というファクターです。観察時とはある動作・状態を確認した時点を意味し、この課で扱う現在完了と前の課の過去の違いは観察時の違いにあります。Es hat geschneit. / Es schneite.の違いは前者の現在完了形が雪で覆われている外の世界を見て言っているのに対し、後者の過去形にはそのような意味はありません。まとめると次のようになります。

　(1)　Es schneite　　　　　「雪が降った・降っていた」＝　観察時（確認時点過去）
　(2)　Es hat geschneit.　「雪が降った（その結果今積もっている）」観察時（確認時点現在）

　現在完了は主に話し言葉で、過去形は主に書き言葉で用いられますが、次の現在完了と過去によるEr hat seinen Geldbeutel verloren. / Er verlor seinen Geldbeutel.という文のペアーに関して、現在完了形では「彼は財布を無くした（その結果現在持っていない）」、過去形では「彼は財布を無くした。（財布を無くした事実をエピソード的に語り、彼が財布を再び見つけたかどうかは重要ではない）」という意味の区別があるとされています。

「点」と「線」それが問題である

　時制とは別に相（アスペクト）があります。アスペクトとはラテン語のaspectus（アスペクトゥス：見ること、視点）に由来し、同じ動作の味方の違いを意味します。テンス（時制）は現在を基準とした動作の前後関係を表すことをすでに指摘しました。ドイツ語にはない英語のbe+-ingのような進行形は動作を「継続的な展開」として捉える未完了体の典型です。その反対は動作を、「１つの点的なまとまり」として捉える完了体です。

　ドイツでは大きな都市でも近郊には森があり窓辺には花が飾られ花壇には綺麗な花が植えられています。春には一斉に開花し秋になると枯れてゆく花に一年の流れを感じます。そんなときドイツ語ではblühen"花が咲いている"という動詞を使って次のような様々な表現が可能です：Die Rosen blühen.「バラの花が咲いている」。Die Rosen sind aufgeblüht.「バラの花が咲いた」。Die Rosen sind verblüht.「バラの花が咲き終わった」。

　このように単語ごとに表される動作の開始、終了などは動作態様（アクツィオーンスアールト）と呼ばれ、完了体と未完了体に分けられます。

相（アスペクト）　　　　　　　**動作態様**（アクツィオーンスアールト）
　完了体（１つの点的なまとまり）― 起動相（動作の開始）・瞬間相・終止相
　未完了体（継続的な展開）　　　― 継続相、反復相、習慣相

> **さあ、読んじましょう！**
>
> Manchmal verstehe ich nicht, wie die Menschen den Begriff „Lustigkeit" gefunden haben, wahrscheinlich hat man ihn als Gegensatz der Traurigkeit nur errechnet.　ときおり私には人々が如何にして"陽気"という概念を見つけ出したのか分からなくなる。恐らくそれは悲しみの対極をなすものとして創り出されたに過ぎないのであろう。
>
> 　　　　　　　　　　　　　　　　*Kafka* aus „*An Milena*"（カフカ "ミレナへの手紙" より）

§1　現在完了時制の形式（1）

　ドイツ語の現在完了時制は「haben / sein の現在形＋過去分詞（文末）」により作られ、枠構造を形成する。

Ich habe den Brief gelesen.　　私はその手紙を読み終わっている。

単数
1. habe......gelesen
2. hast......gelesen
3. hat........gelesen

複数
1. haben.....gelesen
2. habt........gelesen
3. haben.....gelesen

　敬称は複数3人称の形に従う：Sie haben ... gelesen.　以下、過去完了時制、未来完了時制も同様。

　完了の助動詞としてhabenではなくseinを取る動詞は「sein支配の動詞」と呼ばれ、意味に従って次のように分類される：
① 行為動詞（⇒第4課）に属し、移動を表す自動詞：fahren, gehen, kommenなど
② 事象動詞（⇒第4課）に属し、状態の変化を表す自動詞：einschlafen, gelingen, sterben, verblühen, wachsen, werdenなど
③ その他：bleiben, sein（状態動詞）
　辞書では、「sein支配の動詞」は（s.）、「haben支配の動詞」は（h.）と表示されている）

単数
1. bin......gefahren
2. bist.....gefahren
3. ist......gefahren

複数
1. sind.....gefahren
2. seid.....gefahren
3. sind.....gefahren

Lektion 10

§2 現在完了時制の形式（2）（haben および sein 同時支配の動詞）

ドイツ語には laufen, schwimmen, tanzen, wandern のように活動と移動の意味を併せ持つ自動詞があり、それらの動詞は haben および sein 両方の助動詞を取る。

Er hat viel / oft geschwommen.	彼はよく / しばしば泳いだ。
Er ist ans andere Ufer geschwommen.	彼は対岸に泳ぎ着いた。
Wir haben früher sehr viel getanzt.	我々は以前とてもよく踊った。
Wir sind durch den ganzen Saal getanzt.	我々は広間中を踊り回った。

このように、移動の到達点・方向を示す副詞や前置詞句を伴う場合にはこれらの動詞は sein 支配となる。

§3 話法の助動詞および知覚動詞・使役動詞の完了時制

話法の助動詞および知覚動詞（sehen, hören, fühlen）、使役動詞（lassen）の完了時制は過去分詞の代わりに不定詞を用いる。

Ich habe um vier Uhr morgens aufstehen müssen.	私は午前 4 時に起床しなければならなかった。
Ich habe meinen Sohn zur Post gehen lassen.	私は息子を郵便局へ行かせた。
Ich habe ihn laufen sehen.	私は彼が走っているのが見えた。

§4 現在完了時制の用法

過去時制（⇒第 9 課）と現在完了時制の違いは前者の**観察時**が現在と切り離された**過去**にあるのに対し、後者の**観察時**は**現在**にある点である。つまり現在完了時制の意味は「過去の出来事を現在に関連付けて述べる」（**動作時＝過去＜観察時、発話時＝現在**）と言える。

Es schneite	雪が降った。
Es hat geschneit.	雪が降った（その結果今積もっている）。

現在完了時制の以下の用法はこのような基本的意味から導かれたものである：

① **観察時・発話時**に完了した出来事（gerade, (so)eben, schon などの副詞とともに）：
　Ich habe eben gefrühstückt.　私はたった今朝食を食べ終わったところです。
② 現在までの継続：Ich habe gut geschlafen.　私は眠りが足りています。
③ （現在から振り返った）過去の経験（((ein)mal, schon などの副詞とともに）：
　Ich bin schon einmal in Deutschland gewesen.　私はすでに一度ドイツに行ったことがあります。
④ 過去の期間を表す表現（...Jahre; in den vergangenen Jahren などとともに）：
　Ich habe drei Jahre in Deutschland gewohnt.　私は 3 年間ドイツに住んだ。

これら現在完了時制の基本的な意味に加えて、ドイツ語では英語と異なり、現在完了形が口語で過去の出来事を述べるために用いられる。

⑤ Ich habe gestern meinen Freund besucht.　私は昨日友人を訪ねた。

§5　過去完了時制の形式

　ドイツ語の過去完了時制は「haben / seinの過去形＋過去分詞（文末）」により作られ、枠構造を形成する。

Ich hatte den Brief gelesen.　私はその手紙を読み終えて（しまって）いた。

§6　過去完了時制の用法と意味

　過去完了時制の意味は「過去における行為・状態の完了」(**動作時＝過去（観察時以前）＜ 観察時＝過去 ＜ 発話時＝現在**) と言える。**観察時**は過去を表す副文（⇒第11課）、副詞、前置詞句により示される。
① Nachdem ich vier Jahre Deutsch gelernt hatte, fuhr ich nach Deutschland.
　　　ドイツ語を4年間学んだ後、私はドイツに行った。
② Als er kam, hatte ich den Brief bereits geschrieben.
　　　彼が来た時私はすでにその手紙を書き終えてしまっていた。
③ Ich hatte damals schon die Arbeit beendet.
　　　私はその時すでに仕事を終えてしまっていた。
　　（nachdem「～した後で」、als「～した時」）

§7　未来完了時制の形式

　ドイツ語の未来完了時制は「werdenの現在形＋過去分詞＋haben/sein（文末）」により作られ、枠構造を形成する：Ich werde den Brief gelesen haben.「私はその手紙を読み終えて（しまって）いるでしょう」。未来完了時制に用いられる、「過去分詞と助動詞habenあるいはseinの不定詞の結び付き」は完了不定詞と呼ばれる：lesen → gelesen haben; fahren → gefahren sein（⇒第13課§8）

Lektion 10

単数
1. werde ...gelesen haben
2. wirst .....gelesen haben
3. wird ......gelesen haben

複数
1. werden ....gelesen haben
2. werdet .....gelesen haben
3. werden.....gelesen haben

単数
1. werde....gefahren sein
2. wirst......gefahren sein
3. wird ......gefahren sein

複数
1. werden....gefahren sein
2. werdet ....gefahren sein
3. werden....gefahren sein

§8 未来完了時制の用法

未来完了時制の意味は「未来における行為・状態の完了」(**発話時＝現在＜動作時＝未来（観察時以前）＜観察時＝未来**) と言える。**観察時**は主に未来を表す副詞、前置詞句により示される。

Bis morgen werde ich die Arbeit beendet haben.

　明日までに私はその仕事を終えてしまっているでしょう。

　未来完了は現在完了で代用されることもある：

In einer Stunde habe ich die Arbeit beendet.

　1時間で私はその仕事を終えて（しまって）いるでしょう。

　また、未来完了形は過去の出来事の推量を表すために用いられる（⇒第7課§6）：

Er wird wohl schon angekommen sein.

　彼はおそらくもう到着して（しまって）いるでしょう。

練習問題

I. (   )内の動詞を使って完了形を作り、その文を日本語に訳しなさい。

1) Ich (   ) eben einen Brief (   ). (schreibenによる現在完了形)

2) So etwas (   ) ich noch nie (   ). (hörenによる現在完了形)

3) Thomas (   ) gestern mit seiner Freundin ins Kino (   ). (gehenによる現在完了形)

4) Die Vorlesung dauerte sehr lange. Inzwischen (   ) es schon Abend (   ). (werdenによる過去完了形)

5) Die Sitzung (   ) wohl genau um 10 Uhr (   ). (beginnenによる未来完了形)

II. 次のドイツ語を日本語に訳しなさい。

1) Im 20. Jahrhundert hat der englische Einfluss auf den deutschen Wortschatz zugenommen. Viele englische Wörter sind jetzt im Deutschen üblich, z.B. Film, Bestseller, Jazz, Pullover und Handy.

2) Das Wort Elektrizität stammt aus dem Lateinischen. Electrum heißt Bernstein. Denn man hat am Bernstein zuerst die elektromagnetische Kraft beobachten können.

3) Wie erwirbt ein Kind eine so umfangreiche Sprachkenntnis in so kurzer Zeit? Zur Beantwortung dieser Frage hat man in den vergangenen Jahren viele verschiedene Erklärungsansätze vorgelegt.

III. 次の日本語をドイツ語に訳しなさい。

1) 英語は現在（derzeit）異なった諸言語（unterschiedliche Sprachen）の話者達（Sprecher/innen）の間の（zwischen）最も重要な（wichtigst [最上級]）言語になっている（zu et. werden）。

2) この素材の開発（die Entwicklung dieses Materials）はこれまで（bisher....noch nicht）成功して（gelingen）いない。

Lektion 11

接続詞

3種の連なり —— 自主独立の並列接続詞と古い語順を保つ従属接続詞

外国語を学ぶと語順が違うことに驚かされます。動詞が最後に来る日本語は文の終わりまで聞かないと分からないとよく言われます。ドイツ語はどうでしょうか？ドイツ語には3種類の語順があります。

1) aberやdennは文の一部とは見なされず、後続する文から独立した語として語順に影響を与えない。以下(1)ではerが文の始めで、並列接続詞による定形正置の語順です。

   (1) Ich lerne Deutsch, **und er lernt** Französisch.

   　　私はドイツ語を学び、彼はフランス語を学ぶ。

2) 以下(2)のbisで始まる副文の「目的語―動詞」という日本語と同じ語順が起源的に古く、実際はここに古いドイツ語本来の語順が保たれています。副文の「目的語―動詞」の連なりは定形後置の語順です。

   (2) Warten Sie bitte, **bis** ich zurück **bin**!

   　　私が戻るまでどうぞ待ってください！

3) 以下(3)のsonst, deshalb, trotzdemなどは副詞で、文の一部と見なされたので定形第2位の原則に従って、主語以外の要素が第1位を占めれば主語は動詞の後に置かれます。これは定形倒置の語順です。

   (3) Du musst dich beeilen, **sonst kommst** du zu spät zur Schule.

   　　君は急がなければならない、さもないと学校に遅刻する。

第4の文接続

並列 (Parataxe)、従属 (Hypotaxe)、副詞 (Adverb) の他に接続詞省略 (Asyndese) という文接続の手段が存在します。古代ローマの政治家カエサル（シーザー）の有名な言葉Veni,vidi,vici（ウェーニー、ウィーディー、ウィーキー）「我来たり、見たり、勝てり」は接続詞省略の典型例で、ドイツ語に訳すとIch kam, ich sah, ich siegte.となります。また、ドイツ語では1) 語順、2) 接続法（第19課参照）、3) 従属接続詞、によって文の従属が示されますが、1)、2) は接続詞省略に依っています。

1) Ich hoffe, **er kommt** bald zurück.　　私は彼がまもなく戻って来るとよいと思っている。

   Ist das wahr, dann muss ich sofort zurücktreten.

   　　もしそれが本当ならば私はすぐに手を引かなければならない。

   　　(hoffen, glauben等に後続する文、あるいは倒置の語順による条件文などが代表的)

2) Er sagt, er **lerne** gern Deutsch.　　彼はドイツ語を学ぶのが好だと言う。

> **さあ、諳んじましょう！**
>
> Denn schwer zu tragen ist das Unglück, aber schwerer das Glück.
> というのは不幸に耐えることは困難であるが、幸福に耐えることはより困難である
> Hölderlin „Der Rhein"（ヘルダーリン"ライン河"より）
> zu不定詞は第13課§1.2、比較級は第15課§1.参照

§1 接続詞

ドイツ語の接続詞は1．並列接続詞、2．従属接続詞、3．副詞的接続詞、4．相関的接続詞に大別される。

§2 並列接続詞

並列接続詞は前後の語句や文を同等に結びつけるもので、後続する文の語順に変化はない（定形正置）。並列接続詞にはund「そして」、aber「しかし」、denn「というのは～だから」、oder「あるいは」、(nicht)～sondern「～ではなく～」がある。

Ich lerne Deutsch, und er lernt Französisch.　私はドイツ語を学び、彼はフランス語を学ぶ。
Er ist reich, aber sein Bruder ist arm.　　　彼は裕福であるが彼の兄（弟）は貧しい。

§3 従属接続詞

従属接続詞は後続する文を従属する形で結びつけ、文の語順に変化を与える（定形後置）。通常、ドイツ語では従属文は副文と呼ばれ、主文と対比される。従属接続詞は文中の役割に従って副詞的・名詞的・形容詞的従属接続詞に区分される。

§4 副詞的従属接続詞

時：als「～したとき」、bevor, ehe「～する前に」、nachdem「～した後で」、bis「～するまで」、sobald「～するやいなや」、während「～している間に」、wenn「～するときにはいつも」、**理由**：da, weil「～なので」、**条件**：wenn, falls「もしも～ならば」、**目的**：damit「～するために」、**譲歩・認容**：obgleich, obwohl「～にもかかわらず」、wenn auch, auch wenn, und wenn「～ではあっても」、**手段**：indem「～することによって」、**様態**：wie「～のように」

1 時の従属接続詞

時の接続詞は主文と副文との時間関係に従って①後時、②同時、③前時の3種類に区分される：

① 後時 bevor, ehe：

　Bevor ich verreise, muss ich noch viel erledigen.
　　旅行に出る前に、私はまだ多くの事を済まさなければならない。

Lektion 11

② 同時 als, sobald, während, wenn：

Während er schrieb, las seine Frau.　彼がものを書いている間、彼の妻は読書していた。

Als ich sie anrief, war sie verreist.　私が彼女に電話した時、彼女は旅行中だった。

Sobald er sie sah / gesehen hatte, eilte er auf sie.

彼女の姿を見かけるやいなや、彼は彼女のところに急いだ。

Wenn ich zur Schule ging, traf ich immer den alten Mann.

私が通学する時、いつもその老人に出会った。

（alsが過去の1回的な行為・状態を表すのに対してwennは繰り返しを表す）

③ 前時nachdem（⇒第10課）、bis：

Nachdem ich vier Jahre Deutsch gelernt hatte, fuhr ich nach Deutschland.

ドイツ語を4年間学んだ後、私はドイツに行った。

Warten Sie bitte, bis ich zurück bin!

私が戻るまでどうぞ待ってください！

2 理由の従属接続詞

理由の接続詞にはda, weilがあるが、daは既に知られている容認可能な理由（英語as参照）を表す。weilは未知の重要な理由・原因（英語：because参照）を表し、疑問詞warumによる問いの返答に使用できる。情報的な重要性の差により、daにより導かれる副文は主文の前に、weilに導かれる副文は主文の後に用いられることが多い：

Da es regnet, gehe ich nicht spazieren.

（見ての通り）雨が降っているので、私は散歩に行きません。

Er kann nicht kommen, weil er krank ist.

彼は病気なので来られません → 彼が来られないのは病気だからです。

3 条件の従属接続詞wenn「もし～ならば」, falls「もし～の場合には」：

Wenn es morgen regnet, machen wir keinen Ausflug.

明日雨が降るならば、我々はハイキングに行きません。

Falls du Lust hast, kannst du mitkommen.

一緒に来たいならば、来ても構わないよ。

4 目的の従属接続詞damit「～するために」：

Ich sage es dir nochmal, damit du es nicht vergisst.

忘れないように、私はそれを君にもう一度言います。

5 譲歩・認容の従属接続詞

事実の譲歩・認容obwohl, obgleich　「～にもかかわらず」、auch wenn「事実～ではあるが」：

Er kam sofort, obwohl / obgleich er viel zu tun hatte.

彼は忙しかったにもかかわらず、すぐに来た。

Auch wenn er mein Freund ist, (so) kann ich ihm nicht bedingungslos vertrauen.
　彼は私の友人ではあるが、私は彼を無条件には信用できない。

　　仮定の譲歩・認容 auch wenn「仮に～ではあっても」：
Auch wenn du noch so arm bist, ich kann dir kein Geld geben.
　仮に君がとても貧しくても、私は君に少しのお金も与えることはできない。（主文は定形正置）

6 手段の従属接続詞 indem「～することによって」：
Man ehrte den Schauspieler, indem man ihn mit Applaus begrüßte.
　人々はその俳優に拍手喝采を送ることによって敬意を表した。

7 様態の従属接続詞 wie「～のように」：
Die Katastrophe verlief genau so, wie die Spezialisten es vorhergesagt hatten.
　その大災害は専門家たちがすでに前もって警告していた通りに実際に起こった。

§5 名詞的従属接続詞

　名詞的従属接続詞には、**1** dass「～ということは / を」、**2** ob「～かどうかは / を」、**3** 疑問詞（間接疑問文を導く）が属する。

1 dass「～ということは / を」：
① 主格：Es ist sicher, dass Hans morgen kommt.
　　　　　　　ハンスが明日来るということは確実である。
　（代名詞 Es で先取りされた dass 副文は主格（1格）の役割を果たす）
② 4格目的語：Ich weiß, dass er krank ist.　私は彼が病気であることを知っている。
　（Ich weiß das. と Er ist krank. の2つの文が、それぞれ主文および副文として結びついたもので、dass 副文は wissen の4格目的語の役割を果たす）
③ 前置詞目的語：dass により導かれる副文が前置詞の目的語となる場合には「da(r)- ＋前置詞」（⇒第5課§4.2.）により先取りされる。
　Ich freue mich (darüber), dass ich die Prüfung bestanden habe.
　　私は試験に合格したことをうれしく思う。

　また、aufgeben, aushalten, bedauern, bereuen, vermeiden, verstehen のような、定動詞の内容が真実であることを前提とする、叙述性の高い動詞が現れる主文には dass 副文を先取りする目的語としての es が加えられることが多い（⇒第13課§4 **2**）：
　Ich bedauere es sehr, dass ich nicht kommen kann.
　　私は来られないことをとても残念に思う。

Lektion 11

2 ob「～かどうかは / を」：
① 4格目的語：Weißt du, ob er krank ist?　君は彼が病気かどうか知っている？
　（Weißt du das?とIst er krank?の2つの文が、それぞれ主文および副文として結びついたもので、ob副文はwissenの4格目的語の役割を果たす）
② 主格：Es ist ungewiss, ob Hans morgen kommt.
　　　　　　　　　ハンスが明日来るかどうかははっきりしていない。

3 間接疑問文
①4格目的語：Weißt du, wohin er gegangen ist?
　　　　　　　　君は彼がどこへ行ってしまったか知っている？
　（Weißt du das?とwohin ist er gegangen?の2つの文が、それぞれ主文および副文として結びついたもので、wo副文はwissenの4格目的語の役割を果たす）
②主格：Es ist ungewiss, wohin er gegangen ist.
　　　　　　　　彼がどこへ行ってしまったかはっきりしていない。

§6　副文における話法の助動詞および知覚動詞・使役動詞の完了形の語順

　副文では話法の助動詞および知覚動詞（sehen, hören, fühlen）と使役動詞（lassen）の完了形は完了の助動詞habenが過去分詞の代わりとなる不定詞に先行する（⇒第10課§3）。

Er weiß, dass ich heute um vier Uhr morgens habe aufstehen müssen.
　彼は私が今日午前4時に起床しなければならなかったことを知っている。
Meine Frau weiß, dass ich meinen Sohn habe zur Post gehen lassen.
　妻は私が息子を郵便局に行かせたことを知っている。

§7　副詞的接続詞

　副詞的接続詞は前後の文を結びつける副詞で、後続する文の語順に変化が生じる（定形倒置）。副詞的接続詞にはdann「それから」、so「したがって、それで」、deshalb「それゆえ」、sonst「さもないと」、trotzdem「それにもかかわらず」がある。

§8　相関的接続詞

　慣用的に結びつく2つ以上の語による接続詞は相関的接続詞と呼ばれ、entweder......oder「～かまたは～か」、weder......noch「～でもなく～でもない」、nicht nur......sondern auch「～だけではなく～もまた」、sowohl......als auch「～も～も」、zwar......aber「確かに～ではあるがしかし～」などがある。

練習問題

Ⅰ. (　　)内の語を使って2つの文を結合し、その文を日本語に訳しなさい。

1) Wissen Sie das? / Die Hauptstadt von Deutschland ist Berlin. (dass)

2) Meine Frau kocht in der Küche. / Ich arbeite im Wohnzimmer am Computer. (während)

3) Weißt du das? / Hat Thomas die Prüfung bestanden? (ob)

4) a. Hans besuchte seine Freundin / Sie war immer nicht zu Hause. (wenn)

   b. Hans besuchte gestern seine Freundin. / Sie war nicht zu Hause. (als)

5) Es regnet morgen.　/ Wir bleiben den ganzen Tag zu Hause. (wenn)

Ⅱ. 次のドイツ語を日本語に訳しなさい。

1) Die hansischen Kaufleute konnten mit Massengütern handeln, weil sie ihre Waren auf Schiffen transportierten.

2) Der Scholastiker Anselm von Canterbury (gestorben 1109) dachte: „Da Gott das vollkommenste Wesen ist und zur Vollkommenheit die Existenz gehört, so ist Gott existent."

3) Die Methode der Scholastik basiert auf der strikten Anwendung der aristotelischen Logik auf die Probleme der Theologie. Dagegen gehört die Mystik nicht zur Wissenschaft. Ihr Weg besteht in der mystischen Vereinigung des Menschen mit Gott (unio mystica).

Ⅲ. 次の日本語をドイツ語に訳しなさい。

1) 母が帰宅する (nach Hause kommen) まで (bis) に私は宿題を終えてしまっているでしょう。

2) 世界にどれほど多くの言語が存在する (es gibt) か誰も (niemand) 正確に言う (genau sagen) ことはできない。最新の見積もりに従えば (nach den neuesten Schätzungen)、約6700の生きた (lebendig) 言語が存在する。

Lektion 12

分離動詞と非分離動詞、命令法

副詞の変幻自在

　副詞は動詞と結び付いたり前置詞になったり、考えると実に不思議な品詞です。最初は、1) 独立してich denke nach、2) 名詞の後ろで（後置詞）：meiner Meinung nachまたは動詞と結びついて：nach-denken、3) 名詞の前で（前置詞）：nach meiner Meinungのようにその位置が移動しました。1)から3)の順で変化したので、前置詞は時代的に最後です。「私の考えによれば」という日本語と同じ後置詞が先です。

be- とum-の関係

　be- とum- は同じ副詞*umbiに由来します。もちろん、印欧語の*epi「～の方へ、～へ向けて」という副詞も併せてその成立に関わっていますが、be- はum-biの後半部分*biと、um- は前半部分と関係があります。このようにして分離動詞umschauen「(辺りを) 見回す」、非分離動詞beschauen「(じっくり) 眺める、観察する」のように、それぞれ「具体的・空間的」および「比喩的・抽象的」な意味を表します。

　be-, er-, ver-による非分離動詞は、基礎動詞が自動詞であっても、そのほとんどが４格目的語を取る他動詞です：weinen – beweinen「～を悲しんで泣く」、wohnen – bewohnen「～に住む」、warten – erwarten「～を待ち望んでいる」、blicken – erblicken「～を見つける、認める」、dienen – verdienen「～を報酬として得る」、folgen – verfolgen「～を追いかける」。

副詞が名詞よりも動詞を選ぶ―非分離動詞の他動詞化

　４格支配化を前つづりbe- を例に考えてみます。be- はum と起源的に関係があることからも分かるように、「～の近くに、周囲に」を意味し、４格支配の用法もありました。このように*Ein Unglück be fällt ihn.「*事故が彼の傍、周囲で起こる」のようなbeが４格目的語ihnを支配する構文が出発点となり、Ein Unglück befällt ihn.「事故が彼を襲う」となり、最後にbe- による非分離動詞が他動詞になったと考えることもできます。

　er-には完了動詞化（Perfektivierung）の働きがあり、erfolgen「(結果として) 起こる」、ver-にはverfolgen「追跡する、迫害する」のような除去・破壊の意味があります。両者はermöglichen「可能にする」、vertiefen「深める」のように形容詞から動詞を派生する点で共通しています。

> **さあ、諳んじましょう！**
>
> Was sucht ihr, mächtig und gelind,　　なぜお前たちは力強く優しく
> Ihr Himmelstöne, mich am Staube?　　天上の歌声よ！塵にまみれた私を求めるのか？
> Klingt dort umher, wo weiche Menschen sind.　　心優しい者達の居る所で鳴り響け！
> Die Botschaft hör' ich wohl, allein mir fehlt der Glaube;
> 　　福音は私にも聞こえるが、私には信仰が欠けている。
> Das Wunder ist des Glaubens liebstes Kind.　　奇蹟は信仰の最愛の子供なのだ。
>
> 　　　　　　　　　　　　　　　　*Goethe* aus „*Faust*"（ゲーテ"ファウスト"より）
> 　　　　　　　　　　　　　　　　関係副詞は第18課§1.5参照

§1 複合動詞

ドイツ語では主に副詞を起源とする前つづり（多くは前置詞と同形）が動詞と緊密に結びつき複合動詞を形成する。複合動詞は前つづり（接頭辞）と基礎動詞（動詞の本体）が分離するものと分離しないものに大別され、前者は分離動詞、後者は非分離動詞と呼ばれる。

§2 分離動詞

分離動詞は主文において定動詞として用いられる場合（現在、過去、命令形）、基礎動詞と前つづりが分離し、前つづりはその際文末に位置し枠構造を形成する。

例　aufstehen（三基本形 aufstehen – stand auf – aufgestanden）
　　Hans steht um sechs Uhr auf.　　ハンスは6時に起床する。
　　Hans stand um sechs Uhr auf.　　ハンスは6時に起床した。
　　Steh(e) um sechs Uhr auf! / Steht um sechs Uhr auf! / Stehen Sie um sechs Uhr auf!
　　　　6時に起床しなさい！

それに対し、動詞が不定形（不定詞、過去分詞）あるいは定形であっても副文中では基礎動詞と前つづりは分離しない。

Hans muss / wird um sechs Uhr aufstehen.
　　ハンスは6時に起床しなければならない / 起床するでしょう。
Hans ist um sechs Uhr aufgestanden.　　ハンスは6時に起床した。
Ich weiß, dass Hans jeden Morgen um sechs Uhr aufsteht.
　　私はハンスが毎日朝6時に起床することを知っている。

辞書では分離動詞は auf|stehen のように前つづりと基礎動詞の間に縦線が入っている。アクセントは前つづりに置かれる。

Lektion 12

§3 非分離動詞

アクセントのない前つづり be-, emp-, ent-, ge-, er-, ver-, zer-, miss- をとる非分離動詞では前つづりと基礎動詞はいかなる場合も分離しない。

例 besuchen（三基本形 besuchen – besuchte – besucht（⇒第9課§2）
　　Ich besuche morgen Hans.　　私は明日ハンスを訪ねる。
　　Ich besuchte gestern Hans.　　私は昨日ハンスを訪ねた。
　　Besuch(e) deinen Freund! / Besucht euren Freund! / Besuchen Sie Ihren Freund!
　　　友人を訪ねなさい！

§4 分離・非分離動詞

durch-, hinter-, miss- über-, um-, unter-, voll-, wider-, wieder- は空間的・具体的な意味を表す場合には分離動詞の前つづりとなり過去分詞で ge- が付くが、空間的意味から派生した比喩的・抽象的意味を表す場合には非分離動詞の前つづりになり ge- が付かない。

Die Touristen sind durch Frankfurt nur durchgereist.
　その観光客たちはフランクフルトを（素通りして）通過した。
Sie haben Berlin durchreist.　彼らはベルリンを（くまなく）周遊した。
Früher setzte der Fährmann die Bewohner in einem Boot ans andere Ufer über.
　以前は渡し守が住民たちを小船で対岸に渡していた。
Er übersetzt gerade den berühmten Roman aus dem Deutschen ins Japanische.
　彼はその有名な長編小説をドイツ語から日本語に翻訳しているところです。

練習 1. 次の動詞の3基本形を書きなさい。

1) ankommen　　2) mitbringen　　3) stattfinden　　4) entdecken　　5) erkennen
6) verstehen　　7) umgehen　　　8) wiederholen　　9) mitbekommen

§5 命令法

命令法は2人称の相手に対する命令、要求、禁止を表し、独自の形が用いられる。

1 命令法の形

	lernen	handeln	kommen	nehmen	sein
du に対する：	Lerne!	Handle!	Komm(e)!	Nimm!	Sei!
ihr に対する：	Lernt!	Handelt!	Kommt!	Nehmt!	Seid!
Sie に対する：	Lernen Sie!	Handeln Sie!	Kommen Sie!	Nehmen Sie!	Seien Sie!

① 命令法は、du に対しては改まった言葉づかいでは語幹 + -e、日常会話では -e を付けずに、ihr に対しては語幹 + -t（現在人称変化と同形）、Sie に対しては不定詞 + Sie（sein のみ seien）という活用形を示す。弱変化動詞では -nen, -eln, -ern, -t, -d で終わる動詞は du に対する命令形の語尾 -e を省略しない。強変化動詞では du に対する命令形の語尾 -e は省略されることが多い。また幹母音が e→i/ie に変化する動詞ではふつう -e はつかない（例外 Sieh(e)!）。
② 命令法は単独で文を形成し、文末に感嘆符を加えて下降調のイントネーションで発音される。
③ 尚、状態動詞（⇒第4課）に属する動詞は命令形を作らない：Lernen Sie Deutsch!「ドイツ語を学びなさい！」に対し *Kennen Sie Deutsch!「ドイツ語を知りなさい！」とは言わない。

 練習 1. 次の動詞の命令形を作りなさい。

1) sagen   2) sprechen   3) sammeln   4) fahren   5) werden

2 命令法の用法

Höre doch endlich auf!	お願いだからもうやめてくれ！
Komm mal her!"	（ちょっと）こっちにおいでよ！
Sei nur ruhig!	まあ落ち着きなさい！
Kommen Sie bitte herein!	どうぞお入りください！
Entschuldigen Sie bitte!	どうぞお許しください！失礼致しました！

(höre .....auf, kommen Sie .....herein の不定詞はそれぞれ aufhören "やめる"、hereinkommen "入って来る")（⇒ §2）

命令法は聞き手に対する命令・要求を表す。命令文には話者の心的態度を表す心態詞（Modalpartikel）doch "頼むから、ぜひ"、mal "ちょっと、まあ"、nun "さあ"、nur "さあ、まあ" などが用いられることが多い。また、bitte は命令口調を和らげる働きをする。

Lektion 12

練習問題

I. (　　)内の指示に従って文を作り、その文を日本語に訳しなさい（分離動詞、非分離動詞の違いにも注意）。

1) Mit knapper Not (　　) wir die Gefahr (　　　　). （überstehenの現在完了形）

2) Thomas (　　) die Möbel im Zimmer (　　　　). （umstellenの現在完了形）

3) Die Polizei (　　　) das Gelände (　　　　). （umstellenの現在完了形）

4) Er stieg hinein, und wir (　　) dem abfahrenden Zug (　　　　).
　　　　　　　　　　　　　　　　　　　　　　　　　（nachsehenの現在完了形）

5) Der alte Mann stieg ein, und ein Junge (　　　) ihm sofort seinen Platz (　　　　).
　　　　　　　　　　　　　　　　　　　　　　　　　（anbietenの現在完了形）

（闽 4. dem abfahrenden Zug "発車する〔現在分詞〕列車を"）

II. 次のドイツ語を日本語に訳しなさい。

1) In der Reformationszeit traten die Niederländer zum Kalvinismus über. So konnte Luther weder im Glauben noch durch seine Sprache besonderen Einfluss auf sie ausüben.

2) Man sieht Romane wie Jonathan Swifts ‚Gulliver's Travels' und Daniel Defoes ‚Robinson Crusoe' überall in der Welt als Kinderbücher an und übersetzt sie als solche in eine eigene Sprache.

3) Im Allgemeinen verbindet man in der Erkenntnistheorie den Empirismus mit der Induktion einerseits und den Rationalismus mit der Deduktion andererseits. Während das Letztere vom Allgemeinen ausgeht und zum Besonderen gelangt, geht das Erstere vom Besonderen zum Allgemeinen über.

III. 次の日本語をドイツ語に訳しなさい。

1) 粘り強い議論の挙句（nach langem Hin und Her）彼は自分の要求（Forderung）を押し通し（durchsetzen）た。

2) 君はこの絵画（Gemälde）が何を表現している（darstellen）か知っている？

Lektion 13

不定詞の用法

不定詞は中性名詞

不定詞は人称が定まっていないので不定形と呼ばれ、動詞から作られた名詞です。不定詞 -en（古くは -ono-m：オノム）は中性名詞の語尾で、不定詞は１格、４格が同じ形です。

(1) Reden ist Silber, Schweigen ist Gold. 　　雄弁は銀、沈黙は金。
(2) Ich habe das Rauchen aufgegeben. 　　私は喫煙をやめた（禁煙した）。
(3) Fließend Deutsch zu sprechen ist schwierig. 　流暢にドイツ語を話すことは難しい。

前置詞zuは本来目的の意味で─なぜzu不定詞は主語や目的語になれるのか？

zuのない不定詞は主に文中で主語、述語、目的語として用いられます。zu不定詞のzuは「～へ向かって、～をするために」という目的を表す前置詞なので、(3)のようにzu不定詞が主語として用いられるのはその起源を考えると少し奇妙です。

その理由の一つとして、対格（４格）が前置詞を伴わずに＜zu＋名詞＞と同様に方向を示すことが可能であり（⇒第５課 最初のページ）、その結果zuのない不定詞とzu不定詞の間に用法上の混同が生じたことが考えられます。

現在zuを伴わない不定詞は 1) **話法の助動詞**（知覚動詞等を含む）、2) **未来形**、3) **gehen** との結びつきのみです。1)については話法の助動詞の起源（第７課参照）から、それらが対格（４格）の名詞を支配することは明らかです。また、Ich sehe ihn laufen/*laufend.「私は彼が走っているのが見える」のような知覚動詞では不定詞と分詞の競合に関して、英語と異なりドイツ語では不定詞に軍配が上がりました。2)については第１６課で詳しく述べます。3) gehenの場合、(4) zuのない不定詞の他に、(5) 英語と同様のzu不定詞、(6) ＜um+zu＞不定詞があり、その区別は微妙です。

(4) Ich gehe Wasser holen. 　　私は水をくみに行く。
(5) Ich gehe, meinen Onkel abzuholen. 　私はおじを迎えに行く。
(6) Ich gehe zum Supermarkt, um Lebensmittel zu kaufen.
　　　　私は食料品を買うためにスーパーマーケットに行く。

不定詞は形容詞にも

＜sein+ zu不定詞＞が受動の意味を表すことも不思議です。日本語でもメモランダム（memorandum：記憶されるべきこと＞忘備録）、レフェレンダム（referendum：報告されるべき事＞国民表決）というラテン語起源の言葉をよく使いますが、この -ndum という語尾はゲルンディーウム（gerundivum）という"動詞から作られた形容詞"に由来し、「～されるべき、～され得る」という義務受動と可能受動の意味を表します。古来、ドイツ語ではゲルンディーウムを＜sein+ zu不定詞＞を使って訳します。本来ドイツ語の不定詞には能動と受動の区別はありませんが、英語では＜to be+ 過去分詞＞となる点が異なっています。

(7) Niemand war **zu sehen.** = No one was **to be seen.**

Lektion 13

> **さあ、諳んじましょう！**
>
> Seltsam, im Nebel zu wandern! 霧の中を歩き回るのは不思議だ。
> Einsam ist jeder Busch und Stein, どの茂みも石も孤独かな！
> Kein Baum sieht den andern, どの木にも他の木が見えない
> Jeder ist allein. 誰もが孤独である
>
> *Hesse* aus „*Im Nebel*"（ヘッセ "霧の中で" より）

§1 不定詞とは

不定詞とは人称・数・法を示さない動詞の形であり、分詞とともに動詞の不定形に分類される。不定詞は動詞から作られた名詞の役割を果たす。また、不定詞は目的語や副詞などによって拡張されて不定詞句を形作る場合が多い。

§2 zu のない不定詞

zu のない不定詞は話法の助動詞（⇒第7課§1）および未来時制（⇒第7課§6）で用いられる以外に、1. 格言的な慣用表現（大文字書により名詞化された不定詞の用法など）、2. ＜不定詞 + gehen＞の用法がある。

1 慣用表現

Besser Unrecht leiden, als Unrecht tun. 不正を働くより不正を忍ぶほうがよい。
（besser は gut の比較級）
Reden ist Silber, Schweigen ist Gold. 雄弁は銀、沈黙は金。
Mein Hobby ist Briefmarken sammeln. 私の趣味は切手を集めることです。
Ich habe das Rauchen aufgegeben. 私は喫煙をやめた（禁煙した）。

2 不定詞 + gehen「～しに行く」

essen / einkaufen / arbeiten / spazieren gehen「食事 / 買い物 / 仕事 / 散歩しに行く」

§3 zu 不定詞

zu をともなう不定詞は zu 不定詞と呼ばれ、その表す意味に従って 1. 名詞的用法、2. 形容詞的用法、3. 副詞的用法に区分される。

§4 zu 不定詞の名詞的用法

1 主語・述語
　名詞的用法のzu不定詞は主語と述語に現れ、代名詞esにより先取りされることもある：

Fließend Deutsch zu sprechen ist schwierig.　　　流暢にドイツ語を話すことは難しい。
Es ist schwierig, fließend Deutsch zu sprechen.
　zu不定詞句は文中で主語の役割を果たす。
Mein Traum ist es, nach Deutschland zu fahren.　私の夢はドイツに行くことです。
　zu不定詞句は文中で述語の役割を果たす。

2 4格目的語
　また、動詞の4格目的語となる場合はesは省略されることが普通であるが、ablehnen「拒む」、aufgeben「断念する」、bereuen「後悔する」、vermeiden「避ける」のような動詞の表す内容が真実であることを前提とするものはesをとることが多い（⇒第11課§5）。

Er versprach, sofort zu kommen.　　　彼はすぐに来ると約束した。
　zu不定詞句は文中で4格目的語の役割を果たす。
Ich bereue (es), das getan zu haben.　　　私はそれをしたことを後悔している。

3 前置詞目的語
　zu不定詞が前置詞の目的語となる場合は、融合形「da(r)- 前置詞」（⇒第5課§4）により先取りされるが、意味的に混同の恐れがない場合は省略されることが多い。

Sie freut sich darauf, diesen Sommer nach Deutschland zu fahren.
　彼女は今年の夏ドイツに行くことを楽しみにしている。（sich auf et. freuen「〜を楽しみにしている」）
Unser Kind besteht darauf, heute zum Zoo zu gehen.
　うちの子供は今日動物園に行くと言ってきかない。
Ich bitte Sie (darum), mir zu helfen.
　私はあなたに私を助けてくれることをお願いします（＝どうか私を助けてください）。

§5 zu 不定詞の形容詞的用法

　zu不定詞が名詞の付加語として名詞の内容を説明する場合、先行する名詞は定冠詞が付けられることが多いが、Zeit「〜する時間（の余裕）」、Lust「〜（したい）気持ち」の場合は冠詞が付かず、否定はkeinによる。

Ich habe nicht den Mut, die Wahrheit auszusprechen.
　私は真実を口に出して言う勇気がない。
Haben Sie Zeit, mit mir in die Oper zu gehen?
　あなたは私と一緒にオペラを見に行く時間（の余裕）がありますか？

Sie hat keine Lust, mit ihm ins Kino zu gehen.
　彼女は彼と一緒に映画を見に行く気がない。

　Zeit、Lustのような名詞が無冠詞なのは、名詞の内容を限定するのではなく、「〜する（ための）」という具合に目的を表す副詞的用法に意味的に近いからである。

§6 zu 不定詞の副詞的用法

　副詞的用法はum, ohne, stattのような前置詞とともに用いられ、それぞれ「〜するために」、「〜することなく」、「〜する代わりに」という意味を表す。

Ich bin gekommen, um dir zu helfen.　　私は君に手を貸すためにやって来た。
Er fährt nach Deutschland, ohne Deutsch gelernt zu haben.
　彼はドイツ語を覚えることなくドイツへ行く。
Sie schickte mir eine Mail, statt mir zu schreiben.
　彼女は手紙を書く代わりに、私にメールを送ってきた。

§7 zu 不定詞の熟語的用法

1　sein + zu不定詞

　zu不定詞はseinと結びついて「義務受動（〜されるべき）」、「可能受動（〜され得る）」の意味を表す。

　　Die Ware ist sorgfältig zu behandeln.　　その品物は注意深く取り扱われるべきである。
　　Die Hitze ist kaum zu ertragen.　　この暑さはほとんど耐えがたい。

2　haben + zu不定詞 「〜しなければならない」

　　Ich habe heute noch viele Hausaufgaben zu machen.
　　　私は今日まだたくさん宿題をしなければならない。

3　brauchen + zu不定詞（多くの場合否定文で「〜するには及ばない」）

　　Morgen brauchen Sie nicht zu kommen.　　あなたは明日は来るには及びません。

4　scheinen + zu不定詞 「〜であるように見える、思われる」

　　Der Mann scheint krank zu sein.　　その男性は体調が悪いように見える。

§8 完了不定詞

　過去分詞と完了の助動詞habenまたはseinの結びついたものを完了不定詞という。
　　machen　→　gemacht (zu) haben
　　gehen　　→　gegangen (zu) sein

練習 1. 次の不定詞句から完了不定詞句を作りなさい。

1) den Film sehen　　2) die Novelle lesen　　3) nach München fahren　　4) zu Hause bleiben

　完了不定詞は主に話法の助動詞の主観的用法（⇒第7課§3）およびwerdenによる推量の用法（⇒第10課§8）で用いられる。

Es muss geregnet haben.　　　　　　　雨が降ったに違いない。
Das will er nicht gehört haben.　　　　 はそれを聞かなかったと主張する。
Sie wird es wohl übersehen haben.　　彼女はおそらくそれを見逃してしまったのだろう。

　また、話法の助動詞は現在形および過去形が用いられる。

Sie mag den Brief geschrieben haben.　彼女がその手紙を書いたのかもしれない。
Er mochte damals etwa vierzig Jahre alt gewesen sein.
　彼は当時40歳ぐらいらしかった。

Lektion 13

 練習問題

Ⅰ　(　)内の指示に従ってzu不定詞を使った文に書き換え、その文を日本語に訳しなさい。

1) Man kann solch eine Bemerkung nicht ertragen. (sein + zu不定詞)

2) Wir müssen noch einiges erledigen. (haben + zu不定詞)

3) Ich fahre nach Deutschland. Ich möchte dort Medizin studieren. (um zu不定詞)

4) Der Professor hielt einen zweistündigen Vortrag. Er blickte kein einziges Mal auf seine Notizen. (ohne zu不定詞)

5) Thomas ging ins Kino. Eigentlich musste er stattdessen im Büro arbeiten. (statt zu不定詞)

Ⅱ．次のドイツ語を日本語に訳しなさい。

1) Die Erfindung des Buchdrucks durch Johannes Gutenberg um 1450 ermöglichte es vor allem, zahlreiche und völlig identische Exemplare eines Textes herzustellen.

2) Goethe sagte: „Das schönste Glück des denkenden Menschen ist, das Erforschliche zu haben und das Unerforschliche ruhig zu verehren." (Aphorismen)

3) Viele Unternehmen aus Industrieländern holen sich Heilpflanzen aus Entwicklungsländern, um daraus Heilmittel herzustellen. Daher drängen die Entwicklungsländer auf ein Protokoll zur sogenannten Biopiraterie.

Ⅲ．次の日本語をドイツ語に訳しなさい。

1) 本書の任務（Aufgabe dieses Buches）は読者にこの問題の重要性（Wichtigkeit）について理解させる（jm. et. verständlich machen）ことです。

2) 一つの細胞（Zelle）から様々な器官（Organ）を作ることは将来全く普通のこと（ganz normal）であろう。

Lektion 14

分詞の用法

どちらにも関与する分詞

　分詞は不定詞と並んで動詞の不定形に属し、動詞と形容詞の機能を併せ持つことから、ドイツ語ではPartizip "（2つの品詞に）関与（英：participate参照）、分詞" と呼ばれます。現在分詞の語尾-endはラテン語の現在分詞起源のKontinent「1つに結び合わせている（陸地）＞ 大陸」の様な語の-ent（エント）と同じです。因みに、英語の-ingはもともとあった現在分詞の-endeが動名詞の-ing（ドイツ語-ung）と合流してできたものであると考えられています。

　強変化と弱変化の過去分詞語尾はそれぞれ-t, -nで終わりますが、learned － gelernt, lived － gelebtおよびdone － getan, seen － gesehenを比べれば英語との一致は明らかです。さらに英語の過去分詞に欠けていて、ほとんどのドイツ語の過去分詞に不可欠なge-は、諸説はありますが、ラテン語起源のkompakt「（ともに）つなぎ合わされた＞きっちりまとまった」の様な語に現れるkom-「ともに」と意味的に関係があるとされています。この接頭辞が表す「ともにまとめる」という意味が、動作が完結したことを表すのに役立っていると考えられています（⇒第10課）。

進行形不在のドイツ語 ── 分詞は形容詞

　英語と異なりドイツ語には現在分詞による進行形の形式が存在しないので、seinの後に-endという形が現れてもそれはすでに現在分詞の機能を失った形容詞と解釈されます。abwesend「欠席している」、anwesend「出席している」、auffallend「目立つ」、belehrend「ためになる」、bestimmend「決定的な」、drückend「重苦しい」、fließend「流れるような」、passend「ぴったり合う」、reizend「魅力的な」、ungenügend「不十分な」、unzureichend「不十分な」などはその代表です。

(1) Es waren fünfzig Leute bei der Versammlung anwesend.
　　　50人の人々がその会議に出席した。

　seinの後に過去分詞が現れた場合は、それが他動詞の場合は状態受動（⇒第16課§3）、sein支配の自動詞の場合は完了形（⇒第10課§1）と解釈されますが、bekannt「知られた」、berühmt「有名な」、beredt「雄弁な」、gelehrt「学問のある」、geschickt「器用な」、gewohnt「ふだんの」、vergnügt「満足した」などは、現在分詞の場合と同様に、形容詞に転化した過去分詞の例です。

(2) Der Schriftsteller ist in der ganzen Welt bekannt.
　　　その作家は世界中で知られている。

Lektion 14

> **さあ、諳んじましょう！**
>
> Vom Standpunkt der Jugend aus gesehen, ist das Leben eine unendlich lange Zukunft, vom Standpunkt des Alters aus, eine sehr kurze Vergangenheit.
>
> 青春の観点から見れば、人生は限りなく長い未来である。老年の観点から見れば、非常に短い過去である。
>
> *Schopenhauer aus „Aphorismen zur Lebensweisheit"*（ショーペンハウアー "人生哲学の箴言" より）

§1 分詞

　分詞は不定詞と並んで動詞の不定形に属し、動詞と形容詞の機能を併せ持つことから、ドイツ語ではPartizip＜（2つの品詞に）関与（英：participate 参照）＝分詞＞と呼ばれる。ドイツ語の分詞には、大きく分けて現在分詞と過去分詞があり、未来分詞は現在分詞の前にzuを加えて作られる。

§2 現在分詞の作り方と用法

　現在分詞は不定詞に -d を加えることによって作られる（sein は seiend となる）。
　現在分詞の用法には、1. 付加語的用法（§3）、2. 名詞的用法（§4）、3. 副詞的用法（§5）がある。

§3 現在分詞の付加語的用法 （⇒第8課）

　現在分詞は名詞の付加語として「～している～」という**継続的**な動作を表し、形容詞と同様に①弱変化、②混合変化、③強変化の3種類の区別を示す。

① 弱変化（der tanzende Mann「そのダンスをしている男性は」、die tanzende Frau「そのダンスをしている女性は/を」、das tanzende Mädchen「そのダンスをしている少女は/を」、die tanzenden Leute「そのダンスをしている人々は/を」）
② 混合変化（ein tanzender Mann「ある一人のダンスをしている男性は」、eine tanzende Frau「ある一人のダンスをしている女性は/を」、ein tanzendes Mädchen「ある一人のダンスをしている少女は/を」、tanzende Leute「(不特定多数の)ダンスをしている人々は/を」）
③ 強変化（funkelnder Wein「きらきら輝くワインは」、kochende Milch「沸騰しているミルクは/を」、kochendes Wasser「沸騰している水は/を」）

冠飾句―付加語的用法の現在分詞は他の要素によって拡張された場合においても名詞の前に置かれる：
Er hebt den im Zimmer liegenden Koffer auf.　　彼は部屋にあるトランクを持ち上げる。

§4　現在分詞の名詞的用法

① 弱変化（der Reisende「その男性の旅行者は」、die Reisende「その女性の旅行者は／を」、das Seiende「その存在するものは／を」、die Reisenden「その旅行者達は／を」）
② 混合変化（ein Reisender「ある一人の男性の旅行者は」、eine Reisende「ある一人の女性の旅行者は／を」、ein Seiendes「ある一つの存在するものは／を」、Reisende「（不特定多数の）旅行者達は／を」）

§5　現在分詞の副詞的用法

形容詞と同様に分詞はそのままの形で副詞としても用いられる。

Sie saß schweigend am Fenster.　彼女は黙って窓辺に座っていた。

また、分詞は他の要素によって拡張されて分詞構文を形成する。

Fröhlich ein Lied pfeifend, trat er aus dem Zimmer.
　楽しげに口笛で歌を吹きながら彼は部屋から出て来た。

§6　過去分詞の用法

過去分詞は他動詞では「～された、されている～」という受動の意味を、sein支配の自動詞（⇒第10課§1）および再帰動詞（⇒第17課）では「～した、している～」のような能動的意味を表す。また、sein支配を除く自動詞は付加語的用法では用いられず、das eingeschlafene Kind「その寝入った子供」はあっても、*das geschlafene Kindは存在しない。

Ein Passant hat einen in ein tiefes Loch gefallenen Mann gefunden.
　一人の通行人が深い穴に落ちた男の人を発見した。（fallen（自動詞）の過去分詞gefallen「落下した」）
Eine sofort herbeigerufene Ambulanz hat den schwer verletzten Mann ins Krankenhaus gebracht.　すぐに呼ばれた救急車がその重傷を負った男性を病院に運んだ。
（herbeirufen（他動詞）の過去分詞herbeigerufen「呼び寄せられた」、sich verletzen（再帰動詞）の過去分詞verletzt「負傷した」）

過去分詞の用法には、現在分詞と同様に、1. 付加語的用法（§7）、2. 名詞的用法（§8）、3. 副詞的用法（§9）がある。

§7　過去分詞の付加語的用法（⇒第8課）

① 弱変化（der streng bestrafte Mann「その厳しく罰せられた男性は」、die streng bestrafte Frau「その厳しく罰せられた女性は／を」、das zurückgebliebene Kind「そのあとに残った子供は／を」、die zurückgebliebenen Leute「そのあとに残った人々は／を」）

② 混合変化（ein streng bestrafter Mann「ある一人の厳しく罰せられた男性は」、eine streng bestrafte Frau「ある一人の厳しく罰せられた女性は/を」、ein zurückgebliebenes Kind「ある一人のあとに残った子供は/を」、zurückgebliebene Leute「（不特定多数の）あとに残った人々は/を」）
③ 強変化（abgefüllter Wein「瓶詰されたワインは」、geronnene Milch「凝固したミルクは/を」、abgekochtes Wasser「煮沸された水は/を」）

冠飾句—付加語的用法の過去分詞は他の要素によって拡張された場合においても名詞の前に置かれる：
die aus vielen und teuren Stoffen angefertigten Kleider
　それらの多くのそして高価な布地で仕上げられた衣服

§8 過去分詞の名詞的用法

① 弱変化（der Gefangene「その男性の捕虜・囚人は」、die Gefangene「その女性の捕虜・囚人は/を」、das Gesagte「その言われたことは/を」、die Gefangenen「その捕虜・囚人達は/を」）
② 混合変化（ein Gefangener「ある一人の男性の捕虜・囚人は」、eine Gefangene「ある一人の女性の捕虜・囚人は/を」、ein Gesagtes「ある一つの言われたことは/を」、Gefangene「（不特定多数の）捕虜・囚人達は/を」）

§9 過去分詞の副詞的用法

　形容詞と同様に分詞はそのままの形で副詞としても用いられる。
Er ging bestürzt aus dem Zimmer.　彼はびっくりして部屋から出て行った。

　さらに、分詞は他の要素によって拡張されて「付帯事情」などを表す分詞構文を形成する。主文と分詞構文の主語が同じ場合とそうでない場合がある。

Aus dem Urlaub zurückgekehrt, schrieb sie an ihn einen Brief.
　休暇から戻ると彼女は彼に手紙を書いた。
Er sah hinaus, das Gesicht gegen die Scheibe gepresst.
　彼は顔を窓ガラスに押し付けて外を眺めていた。

　また、offen / kurz gesagt「はっきり言えば/手短に言えば」、im Grunde genommen「根本においては」のような過去分詞による熟語的用法もある。
　また、自動詞の過去分詞はkommenとともに「～（の様態で）やって来る」の意味を表す。

Der Mann kam geritten / gelaufen / geflogen.
　その男性は馬に乗って/かけ足で/飛行機に乗って来た。

§10 未来分詞

　未来分詞は他動詞による現在分詞の前に zu を置くことによって作られる。付加語的用法のみに限定され、「義務受動（〜されるべき〜）」、「可能受動（〜され得る〜）」の意味を表す。（述語的用法については第13課§7「sein + zu不定詞」参照）

die sorgfältig zu behandelnde Ware 　　その注意深く取り扱われるべき品物
die kaum zu ertragende Hitze 　　　　その ほとんど耐えがたい暑さ

Lektion 14

練習問題

I. (　　)内の語を分詞の形にして文中のカッコに入れ文を完成し、その文を日本語に訳しなさい。

1) Trotz des zu (　　　　　) Erfolges ist der Plan fehlgeschlagen. (erwarten)

2) Er ist für mich seit langem ein (　　　　　) Freund. (bewähren)

3) Der Schriftsteller ist für sein (　　　　　) schöpferisches Talent berühmt. (überragen)

4) In Gedanken (　　　　　), blickte er zum Fenster hinaus. (versinken)

5) In Frankfurt (　　　　　), besichtigte er zuerst das Geburtshaus Goethes. (ankommen)

II. 次のドイツ語を日本語に訳しなさい。

1) Halbleiter sind hinsichtlich ihrer Leitfähigkeit sowohl leitend als auch nichtleitend. Ihre elektrische Leitfähigkeit nimmt mit steigender Temperatur zu. Dagegen werden sie in der Nähe des absoluten Temperaturnullpunktes zu Isolatoren.

2) Nach Wilhelm von Humboldt ist die Sprache, in ihrem wirklichen Wesen aufgefasst, kein statisches Werk (Ergon), sondern eine dynamische Tätigkeit (Energeia).

3) Humanismus, als ein geistesgeschichtlicher Epochenbegriff verstanden, ist im Allgemeinen die Wiederbelebung des klassischen Altertums in der Renaissance. Im Grunde genommen, ist er aber ein von den Griechen auf der Höhe ihrer Entwicklung ausgeprägtes Bildungsprinzip.

III. 次の日本語をドイツ語に訳しなさい。

1) スイス人言語学者ソシュール (der Schweizer Linguist Saussure) によって (von) 主張された (vertreten) 言語理論 (Sprachtheorie) は言語体系 (Sprachsystem) と言語使用 (Sprachverwendung) の厳密な区別 (eine genaue Unterscheidung) に基づいて (auf et. basieren) いる。

2) 抗生物質 (Antibiotikum) の効かない (gegen et. widerstandsfähig) 細菌 (Bakterie)、すなわち (d.h.)、いわゆる (sogenannt) 耐性菌 (resistente Bakterien) が益々 (in zunehmendem Maße) その勢力を拡大して (um sich greifen; sich [再帰代名詞]) いる。

Lektion 15

形容詞と副詞の比較

イッシモも起源は同じ

　形容詞の比較級、最上級で思い出すのは英語の -er, -st そしてイタリア語に由来するピアニッシモ、フォルティッシモのような音楽用語のイッシモという語尾です。これら3つの語尾の起源は同じで、共通する箇所は -is という部分です。英語では比較級 -is が -er に変化し、最上級は -is に -t という語尾が付いて -st になり、イッシモは比較級の -is に -mo が付いた最上級です。ドイツ語の比較級、最上級の語尾 -er, -(e)st ももちろん英語と同じです。

最上級の奇妙な意味

　最上級は比較級を -to「その」という接尾辞で限定したもので「最も」という意味はそれほど強く表されていないと考えられます。ヨーロッパ諸語の「最も～中の一つ」という表現は「最も～な」ものが複数存在し、日本語的に考えると少し奇妙であるとよく言われますが、それは最上級の起源と関係があるのかもしれません。つまり、「その（際立って）より～なもの」が幾つも存在しても少しも不思議ではありません。フランス語でも最上級は＜定冠詞＋比較級の plus ＞、つまり le/ la plus（ル/ラ　プリュイ）と表現します。

　尚、序数（⇒第4課§2 ②）にも基数の後に -to が付いています。それは、序数もこの接尾辞で数詞を際立たせるからです。

なぜ原級と比較級・最上級の語幹が異なるか？

　因みに、"評価"を表す gut という形容詞がドイツ語の歴史を通じて極めて頻繁に用いられてきたこと、そして使用頻度の高い語ほど不規則な形を採り（denken-dachte）、さらに補充形により体系を構築する（bin-war）傾向にあることなどから、gut の比較級・最上級（⇒第15課§1）に補充形（besser, best）が使用される理由も自ずから理解されます。

　さらに例えば英語で程度を表す very はこの200年の間で時期により frightfully, terribly, incredibly, really, pretty, truly のような副詞と循環的に交替して使われていたことが知られています。この現象が起こる理由として、ある形はそれが頻繁に現れる文脈において予測可能になり、予測可能性がその形が担う情報の重要性を減じるからであるとされています。簡単に言えば「すごい」がそれほどすごく感じられなくなるということです。

Lektion 15

さあ、諳んじましょう！

Schreiben ist gut, Denken ist besser.　　書くことは良い、考えることはより良い
Klugheit ist gut, Geduld ist besser.　　　賢さは良い、忍耐はより良い

Hesse aus „*Siddhartha*"（ヘッセ"シッダルタ"より）

不定詞は第13課§1.参照

§1 形容詞の比較級と最上級の形

ドイツ語における形容詞の比較級と最上級は、原級にそれぞれ接尾辞 -er, -stを付加することによって作られる。

klein「小さい」　　　— kleiner　　　— kleinst
schnell「速い」　　　— schneller　　— schnellst

1 形容詞の比較級と最上級には、語の一部について、次のような不規則な形が存在する。

lang「長い」　　　　— länger　　　— längst
kurz「短い」　　　　— kürzer　　　— kürzest
alt「古い、年老いた」— älter　　　　— ältest
frisch「新鮮な」　　 — frischer　　 — frisch(e)st
neu「新しい」　　　 — neuer　　　 — neu(e)st
dunkel「暗い」　　　— dunkler　　 — dunkelst
groß「大きい」　　　— größer　　　— größt
hoch「高い」　　　　— höher　　　— höchst
nah(e)「近い」　　　 — näher　　　— nächst

a) 1音節で語幹母音a, o, uを含む形容詞は語幹母音がそれぞれウムラウトä, ö, üに変化する。
b) -t, -z, -s, -ß, -sch, -tzで終わる形容詞には最上級で-estが付く。また、-e-を除く母音で終わる形容詞にも-estが付くことがある。

2 全体が不規則な形：

gut「良い」　　 — besser　　　 — best
viel「多い」　　 — mehr　　　　— meist
wenig「少ない」— weniger/ minder — wenigst/ mindest

練習1. 次の形容詞の比較級と最上級を書きなさい。

1) glatt　　　2) rau　　　3) fleißig　　　4) faul　　　5) leicht
6) schwierig　7) teuer　　8) billig　　　9) leise　　10) laut

§2　形容詞の原級

　原級を用いた比較表現は同等比較と呼ばれ、「so / ebenso / genauso + 原級 + wie」により表される。

Er ist (eben)so / genauso groß wie ich.　彼は私と同じ／全く同じくらいの身長だ。

　同等ではなくより劣っている（不等）を表すために、「weniger + 原級 + als」が用いられる。

Sie ist weniger reich als du.　彼女は君より財産が少ない。

　また、倍数は「doppelt / halb so + 原級 + wie」により表される。

Das Gebäude ist doppelt / halb so hoch wie das andere.
　その建物はもう一つ別の建物の倍の／半分の高さだ。

§3　形容詞の比較級

1　述語的用法

　比較級は述語的用法においては原級と同様に格変化を示さない。比較表現は「比較級 + als」により表される。

Er ist größer als ich.　彼は私より背が高い。

　また、比較の意味を強めるためにnoch, viel, weitのような副詞が用いられる。

Er ist noch / viel / weit größer als ich.　彼は私よりずっと／はるかに／はるかに背が高い。

2　付加語的用法

　比較級は付加語的用法においては、形容詞の語尾変化を示す。ただし、mehrとwenigerは無変化である。

Er hat ein schöneres Auto als ich.　　　彼は私よりもっといい車を持っている。
Sie hat mehr Geld als ich.　　　　　　彼女は私よりたくさんお金を持っている。
Er hat weniger Bücher als sein Vater.　彼は父より持っている本の数が少ない。

§4　形容詞の最上級

1　述語的用法

　述語的用法には「定冠詞 + 最上級の付加語的用法（形容詞の語尾変化）」と「am + 最上級 + en」の2つの形式がある。前者は「最も～の者・物である」、後者は「最も～の物／事（例 das Größte）のそば（an）にある」に由来する。

Er ist der größte unter uns. / Er ist am größten unter uns.
　彼は私たちの中で最も背が高い。

Lektion 15

同一の人あるいは物がある条件の下で「最も～である」と表現する場合は、「am + 最上級 + en」が用いられる。

Dieser Gatren ist im Herbst am schönsten.　この庭園は秋が最も美しい。

2　付加語的用法

最上級は比較級と同様に付加語的用法においては、形容詞の語尾変化を示す。

Sie hat das schönste Auto von uns.　彼女は私たちの中で一番いい車を持っている。

また、最上級の意味を強めるために aller- が用いられる。

Heute ist der allerletzte Tag des Jahres.
　今日は一年でとびきり最後の日（＝大晦日）です。

所有が話題の場合、unter よりも von「～の中で」がより多く用いられる。

§5　形容詞比較級、最上級の熟語的用法

「immer + 比較級」あるいは「比較級 + 比較級」により「だんだん、いっそう、ますます～」という漸進的な程度の強まりが表される。

Es wird immer dunkler. / Es wird dunkler und dunkler.
　辺りがだんだん / いっそう / ますます暗くなる。
Energie aus Wind, Sonne und Wasser wird immer wichtiger.
　風、太陽、水から作られるエネルギーはますます重要になる。

「je + 比較級....., desto/ umso + 比較級」により「であればあるほど～ますます」という比例的な程度の強まりが表される。

Je älter man wird, desto/ umso bescheidener wird man.
　人は年を取れば取るほどますます謙虚になる。

§6　形容詞比較級、最上級の絶対的用法

比較級と最上級には他のものと比較するのではなく、単に程度の高さを示す用法がある。その場合、比較級は比較的程度が高いことを、最上級は極めて程度が高いことを表し、それぞれ「比較的～、かなり～」、「極めて～」によって訳される。

1 比較級の絶対的用法

ein älterer Mann「比較的年老いた男性→年配の男性」、längere Zeit「しばらくの間」などを原級によるein alter Mann「年老いた男性」、lange Zeit「長い間」と比較した場合、比較級と原級の間で程度の逆転現象が認められる。

Hannover gehört zu den größeren Städten in Deutschland.
　ハノーファーはドイツの比較的大きな都市（＝中都市）の１つである。

2 最上級の絶対的用法

前置詞とともに無冠詞の形で熟語的に用いられることが多い。

in größter Eile　大急ぎで、mit größter Geduld　大いなる忍耐とともに。
Der Schriftsteller starb in größter Armut.　その作家は極貧のうちに死んだ。
Er ist in höchster Not.　彼は困り果てている。

§7 副詞の比較級と最上級

1 副詞の比較級と最上級の形

① 本来の副詞の比較級と最上級

　　bald「まもなく」（原級）　　— eher（比較級）　— am ehesten（最上級）
　　gern「好んで、喜んで」（原級）— lieber（比較級）　— am liebsten（最上級）
　　oft「しばしば」（原級）　　　— öfter（比較級）　— am öftesten（最上級）
　　wohl「よく、十分に」（原級）　— besser（比較級）— am besten（最上級）

② 形容詞に由来する副詞の比較級と最上級

　原級と同様に、形容詞の比較級と最上級がそのまま副詞として用いられるが、最上級では「am + 最上級 + en」に限定される。

　　Er singt schöner als ich. Aber sie singt am schönsten.
　　　彼は私よりも上手に歌を歌う。しかし彼女が最も上手に歌を歌う。

2 副詞最上級の絶対的用法

形容詞と同じ形で、あるいは「aufs + 最上級 + e」、「最上級 + ens」などによって表される。

Die Eltern zogen die Kinder aufs Strengste auf.
　両親は子供たちを極めて厳格に育て上げた。
Ich danke Ihnen bestens.
　私はあなたにこの上なく感謝します（＝どうもありがとうございます）。
Musikhören beim Fahren ist äußerst gefährlich.
　運転の際音楽を聴くことは極めて危険である。

Lektion 15

練習問題

I. （　）内の語を比較級、最上級にして、その文を日本語に訳しなさい。

1) Der Montblanc ist (　　　) als der Fuji. (hoch)

2) Je (　　　) man die Flüssigkeit erhitzt, um so (　　　) wird ihre Wärmemenge. (lange, groß)

3) a. Eva ist die (　　　) in der Klasse. (klein)

   b. Eva ist am (　　　) in der Klasse. (klein)

4) Von hinten links gesehen ist die Statue am (　　　). (schön)

5) Mein (　　　) Bruder ist in Mathematik (　　　) als ich. (alt, gut)

II. 次のドイツ語を日本語に訳しなさい。

1) Je unqualifizierter die Ausbildung ist, desto geringer ist die Chance, einen wenig belastenden Arbeitsplatz zu finden.

2) Immer mehr Menschen verlieren ihre Arbeit durch Maschinen, durch Computer und Roboter. Sozialwissenschaftler sprechen von einer dritten industriellen Revolution.

3) In Wirklichkeit ist der Sonnenfleck so hell wie der Vollmond. Aber auf der Sonnenoberfläche sieht er schwarz aus.

III. 次の日本語をドイツ語に訳しなさい。

1) アフリカ象（der Afrikanische Elefant）は最大の陸上哺乳動物（Landsäugetier）である。アフリカ象は十分に成長すると（ausgewachsen）7,5トンの体重（ein Körpergewicht von 7,5 t）に達する（erreichen）。

2) 現在（gegenwärtig）いかなる言語も英語のようには広まっていない（nicht verbreitet sein）。英語は30の国家（Staat）において唯一の（einzig）公用語（Amtssprache）である。

Lektion 16

受動態、非人称動詞（非人称の es）

受動態の起源

受動態は起源的には第17課で扱う中動態から生じた新しい形式で、ドイツ語では「～される」を表す動作受動が＜werden+過去分詞＞、「～されている」を表す状態受動が＜sein+過去分詞＞によって作られます。

werdenは過去分詞と一緒だとなぜ未来形ではないのだろうか？

未来形も＜werden+不定詞＞で作られますが、動作受動＜werden+過去分詞＞が現在時制であるのに対し、＜werden+不定詞＞が未来時制なのはwerdenという同じ助動詞による形式から考えて奇妙なことです。

(1) Thomas **wird** später kommen. 　トーマスは後で来るだろう。
(2) Thomas **wird** vom Lehrer gelobt. 　トーマスは先生にほめられる。

（因みに、werden+不定詞の起源はwerden+現在分詞で、後に分詞が不定詞と入れ替わりました。そのために第14課でも述べたようにwerdenはzuのない不定詞と結びつきます）

完了体（⇒第10課）の動詞の現在形は、動作時と観察時が発話時の後にあることから、未来の事柄を表し、Sie reist morgen ab.「彼女は明日旅に出る」のように現在形が時の副詞とともに未来形を代用します。このことから＜werden+過去分詞＞も実は元々は未来の意味を表し、後に現在形と解釈されるようになったことが分かります。

英語でも古い時代にはドイツ語と同じような動作受動と状態受動の区別がありましたが、現代英語ではドイツ語の状態受動に対応する＜be+過去分詞＞のみが定着しました。

状態「～である」　　　　　　　　　**変容**「～なる」
sein + 過去分詞（受動および完了）　　werden + 過去分詞（ドイツ語に存続。意味は現在）
sein + 現在分詞（英語に存続）　　　　werden + 現在分詞（消滅）

＜sein + 過去分詞＞による状態受動の場合、過去分詞と形容詞の境があいまいで、辞書にはenthalten（過去分詞・形容詞）と書かれています。

(3) In diesem Gefäß ist Wasser enthalten. 　この容器には水が入っている。

様々な受益受動

＜bekommen/kriegen/haben＋4格目的語＋過去分詞＞のような「受益受動」の形式もあります、特にhabenは話法の助動詞wollenとともに用いられます：
Der Mann will den Schaden ersetzt bekommen/ haben.「その男性は損害を補償してもらいたがっている」。habenの場合「その男性は損害を補償したと言い張っている」という意味にもなりますので注意が必要です。

Lektion 16

> **さあ、読んじましょう！**
>
> Das Wichtigste ist in erster Linie, dass man zu Selbertun und nicht zur Passivität erzogen wird.
>
> 最も重要なのは、まず第一に、人が受動的態度ではなく自ら行動することへと教育されることである。
>
> *Richard von Weizsäcker aus „Wissenschaft und Phantasie"* (リヒャルト フォン ヴァイツゼッカー "学問と想像力" より)

§1 受動態の基本的形式

ドイツ語の受動態は「**動作の主体（A）**」、「**動作の受け手（P）**」の関係が基礎になっており、能動態との基本的な意味と形式の対応は次のような図式で表される。

能動態：A$_{1格主語}$ + V$_{能動態}$ + P$_{4格目的語}$ ⇒ 受動態：P$_{1格主語}$ + V$_{受動態}$ + A$_{前置詞目的語}$

(A = Agens, P = Patiens) (⇒第2課、第4課)

ドイツ語では「その生徒はその教師にほめられる / た / てしまっている / てしまっていた / であろう / てしまっているであろう」は次のように表される。

[現　　在]　Der Schüler wird von dem Lehrer gelobt.
[過　　去]　Der Schüler wurde von dem Lehrer gelobt.
[現在完了]　Der Schüler ist von dem Lehrer gelobt worden.
[過去完了]　Der Schüler war von dem Lehrer gelobt worden.
[未　　来]　Der Schüler wird von dem Lehrer gelobt werden.
[未来完了]　Der Schüler wird von dem Lehrer gelobt worden sein.

受動態の現在完了時制では werden の過去分詞が geworden ではなく worden となることに注意。(能動態現在完了) Der Schüler ist krank geworden.「その生徒は病気になった」)

§2 動作受動

このように受動文では、能動文の4格目的語（**動作の受け手**）が文頭に置かれ焦点が当てられることが分かる。別の言葉で表現すれば、受動文は**動作の受け手**の立場に立って事柄が述べられる文である。

ドイツ語では受動文の動作の受け手は「1格主語」、動詞は「werden＋過去分詞（文末）」、動作の主体は「前置詞von＋3格（主に意識的行為者）」あるいは「durch＋4格（手段・仲介・理由・原因）」で表される。このような受動態は**動作受動**と呼ばれる。

動作の主体が無生物であっても「前置詞von＋3格」が用いられることがある。

Der Baum ist von dem Traktor umgerissen worden.
　その木はそのトラクターによって倒された。

「durch＋4格」は手段・仲介・理由・原因を表す場合に用いられる：

Die Stadt wurde durch Bomben / ein Erdbeben zerstört.
　　その街は爆弾によって／地震によって破壊された。

　また、受動文では動作の主体には焦点が当たらないことから省略が可能であり、それが不特定な場合（⇒第18課§9)、言及したくないあるいはできない場合、積極的に省略される。

Der Sänger wird (von der Menge) bejubelt.
　　その歌手は（群集によって）熱狂的に迎えられる。
Wird der Mauszeiger auf den Link geführt, erscheint das gelbe Informationsfeld.
　　マウスポインタがハイパーリンクの上に導かれると、黄色いインフォーメーションフィールドが現れる。

§3 状態受動

　特に動作が終わった後の主語の状態を強調するためwerdenに代わり「sein＋過去分詞（文末）」によって状態受動と呼ばれる受動態が作られる。状態受動ではふつう「前置詞von＋3格（意識的行為者)」が用いられない。

Die Tür ist den ganzen Tag geöffnet.　vs.　Die Tür wird vom Pförtner geöffnet.
　　戸は一日中開かれている／開いている。　　　戸は守衛により開かれる。
Am Sonntag ist der Laden geschlossen.
　　日曜日には店は閉められている／閉まっている。
Das Zimmer ist gut beleuchtet.
　　その部屋はよく照明されている。

§4 受益受動

　ドイツ語では英語と異なり間接目的語である3格を主語とした受動文を「werden＋過去分詞」によって作ることができない。その代わりに用いられるのが「bekommen＋4格目的語＋過去分詞」による「受益受動」である。

Er bekommt einen Anzug geschenkt.
　　彼はスーツをプレゼントされる。

§5 自動詞の受動文

　受動文は他動詞（4格目的語を伴う）による能動文に対応しているが、自動詞からも受動文が作られる。その場合、能動文に欠けていた4格目的語は代名詞esが受け持つことになる。

Der Lehrer wartet auf den Schüler. ⇒ Es wird von dem Lehrer auf den Schüler gewartet.
　　その教師はその生徒を待つ。　　　　　　　その生徒はその教師によって待たれる。

代名詞 es は文頭以外の位置では省略される：

Auf den Schüler wird von dem Lehrer gewartet.
　その生徒はその教師によって待たれる。

§6 受動の不定詞および受動の完了不定詞

「過去分詞 + 受動の助動詞 werden」および「過去分詞 + worden + sein」をそれぞれ受動の不定詞および受動の完了不定詞という。

machen → gemacht werden および gemacht worden sein
schenken → geschenkt werden および geschenkt worden sein

受動の（完了）不定詞は主に話法の助動詞（⇒第7課§3）および未来の助動詞（⇒第7課§6）とともに用いられる。尚、受動の（完了）不定詞と未来の助動詞 werden との結びつきはこの課§1未来時制、未来完了時制を参照。

Der Computer kann nicht mehr repariert werden.
　そのコンピュータはもはや修理不可能だ。

§7 非人称動詞（非人称の es）

天候などの自然現象、身体に生じる生理現象など自分の意志を超えたところで起こる事柄を表す動詞を非人称動詞といい、主語としてドイツ語では代名詞 es が用いられる。この代名詞が無生物を表す中性形であることから通常「非人称の es」と呼ばれる。

1 **自然現象**

　Es ist heute kalt / warm / heiß. → Heute ist es kalt / warm / heiß.
　　今日は寒い / 暖かい / 暑い。
　Es ist hell / dunkel.
　　辺りは明るい / 暗い。
　Es regnet / schneit / hagelt.
　　雨が降る / 雪が降る / 霰（あられ）が降る。

2 **生理現象**

　Es ist mir kalt / warm / heiß. → Mir ist kalt / warm / heiß.
　　私は寒い / 暖かい / 暑い。

次の表現は文語的であり、口語では用いられない。

　Es hungert / durstet / ekelt mich vor Spinnen. → Mich hungert / durstet / ekelt vor Spinnen.
　　私は空腹である / のどが渇く / 私はクモが嫌でたまらない。

このように生理現象を表す文では文中の es は省略される。

3 その他 (⇒第4課§3時刻表現参照)

4 非人称熟語

一般的な動詞と非人称の es による熟語的表現として「現象文」があり、そこでは生起する現象はふつう不定冠詞を伴って文中に置かれる。

 Es ist ein Unfall geschehen.
  事故が起こった。
 Es kommen 20 Studenten.
  20人の大学生が来る。

「現象文」と並んで「存在文」があり、ドイツ語では「es gibt + 4格目的語」が用いられる。

Es gibt zwei Möglichkeiten.
 2つの可能性が存在する。
 他の熟語表現として次のものがある。
Es fehlt mir an Geld / Mut.
 私にはお金 / 勇気が欠けている。
Wie geht es Ihnen? — Danke, es geht mir sehr gut.
 ご機嫌いかがですか？— ありがとう、とても元気です。

Lektion 16

 練習問題

Ⅰ. （　　）内の語を使って受動文を作り、その文を日本語に訳しなさい。

1) (die Ursachen des Unglücks, mit allen Mitteln, untersuchen, werden (過去形))

2) (1961, die Berliner Mauer, bauen, werden (過去形))

3) (am Samstag und Sonntag, die Läden, schließen, sein (現在形))

4) (der Medaillengewinner, sofort, Interview, um, bitten (現在完了形))

5) (Dieser Computer, in 2 Minuten, automatisch, abschalten (現在形))

Ⅱ. （　　）内の語を使って非人称構文を作り、その文を日本語に訳しなさい。

1) (regnen, schneien, donnern, hageln, dämmern)

2) (kalt sein / werden, warm sein / werden, heiß sein / werden, Morgen sein / werden, Abend sein / werden)

3) (mir kalt sein, mir warm sein, mir heiß sein, mir nicht gut sein, mir schlecht sein)

4) (ein Unglück geschehen, 30 Leute zu mir kommen, viele Arbeitslose geben)

5) (mir an Geld und Zeit fehlen)

Ⅲ. 次のドイツ語を日本語に訳しなさい。

1) Es kann davon ausgegangen werden, dass bei einem überwiegenden Teil der Verkehrsunfälle nachlässiges Fahren eine dominierende Rolle spielt.

2) Das sogenannte Passivrauchen ist eine erhebliche gesundheitliche Belastung: Nichtraucher sind der Gefahr ebenso ausgesetzt wie Raucher selbst.

3) Durch die Erfindung der Turbine Ende des 19. Jahrhunderts konnte die potenzielle Energie des Wassers in elektrische Energie umgewandelt werden.

Ⅳ. 次の日本語をドイツ語に訳しなさい。

1) その科学者（der Wissenschaftler）は優れた業績（hervorragende Leistungen）のために世界中で（in der ganzen Welt）感謝され（danken）た。

2) 目下（derzeit）スペイン語は約3億3千万人の人々（ca. 330 Millionen Menschen）により20カ国以上の国々（mehr als 20 Staaten）で話されており、世界で3番目に大きい言語（die drittgrößte Sprache der Welt）である。

Lektion 17

再帰代名詞、再帰動詞

ドイツ語heißenの不思議—中動態（Medium）起源の動詞

　ドイツ語のheißenという動詞は形は能動態であるのにIch heiße Thomas.「私はトーマスと呼ばれている」のように受動の意味を表す点で奇妙ですが、これには理由があります。このheißeという形は本来能動態ではなく中動態という動詞のカテゴリーに由来します。1人称単数形heiß-eはゲルマン祖語*hait-ai（ハイタイ）という形に遡り、他の能動態1人称単数形は*nem-ō（ネモー）> nehmeのようになります。ヨーロッパの他の言語、例えばフランス語ではJe m'apelle（ジュ マペル）、スペイン語ではMe llamo（メ リャモ）という具合に再帰代名詞が用いられるのに比べてドイツ語は大きく異なっています。

「自然に〜が生じる」と「自分を・自分のために〜する」が同じ形

　ドイツ語では中動態の以下1)、2)の意味はheißenを除く他の動詞では主に再帰代名詞と動詞が結び付いた再帰動詞によって表されます：

1) 自分自身の意思とは無関係に生じる自然発生的（spontan）な現象（例 zugrunde gehen「滅びる」、geboren werden「生まれる」）
    (1) Der Junge fürchtet sich vor dem Hund.　その少年はその犬を恐れる。＝心理的・生理的経験者（Experiencer）が主語となる文。
    (2) Die Tür öffnete sich.　ドアは（自然に）開いた。
    (1)、(2)とも行為者（Agens）が排除される点が共通です。

2) 主語である自分自身との利害関係において行われる再帰的な動作（Reflexivum）(sich waschen「自分の体を洗う」、sich nennen「自分を〜と呼ぶ」))
    (3) Ich wasche mich.　　　　私は自分の体を洗う。
    (4) Ich wasche mir die Hände.　私は自分の手を洗う。

　例文(4)のmirのような3格の用法は所有の与格（possessiver Dativあるいは Pertinenzdativ）とも呼ばれ、生命を持つ存在物（belebtes Wesen）の身体、心、所有物が動詞により表現される事柄と関わることを表します。

　ドイツ語もその一部である印欧語では、「動作が誰のために行われるか」という区別が動詞に関する最も大事なことであり、「彼は椅子を作る」という行為が「自分が座るため」あるいは「売るため」かによってそれぞれ中動態、能動態という異なる動詞の形が使われていました。そのためドイツ語でも「自分のため」を表す場合sichを加えます。動詞の語尾は今ではheiß-eにしか残っていないためsichはその代用です。

Lektion 17

> **さあ、諳んじましょう！**
>
> Man täuscht sich nirgends leichter als in dem, was die gute Meinung von sich selbst begünstigt. 人は自分自身に関する良い評価を促進するものにおけるよりも容易に思い違いをするものは他にどこにもない。
>
> Kant aus „Fundamente des wahren Lebens"（カント"真の生活の基礎"より）
>
> 比較級は第15課§1. 参照

§1 再帰代名詞

再帰代名詞は「自分自身」、「それ自身」という意味からも分かるように、一般に主語を指す代名詞のことであり、3格、4格が用いられる。1人称・2人称は人称代名詞と同じ形であるが、3人称および敬称は性・数・格に関係なくすべて sich（常に小文字書き）という形になる。

単数

	1人称	2人称	3人称
3格	mir	dir	sich
4格	mich	dich	sich

	敬称 2人称
3格	sich
4格	sich

複数

	1人称	2人称	3人称
3格	uns	euch	sich
4格	uns	euch	sich

	2人称
	sich
	sich

§2 再帰代名詞の用法

自分自身を表すことから「自己認識」のような意味を表す文、あるいは様々な熟語表現に用いられる。代名詞 selbst を伴うこともある。

Erkenne dich selbst! なんじ自らを知れ！
Peter hörte seinen Sohn mit sich sprechen. ペーターは息子が独り言を言うのを聞いた。

尚、この文では sich = seinen Sohn で、再帰代名詞は主語を指さない。

An sich hatte er nichts Besonderes. 彼にはそれ自体何も変わったところがなかった。
an sich「それ自体・自身としては」

また、3格は「自らのために」というように、動作が自分に帰って来ることにより、それが自己の利害に関わることを表す。

Er kauft sich ein Auto. 彼は（自分が乗るために）車を買う（購入する）。
Sie wäscht/ putzt sich die Hände/ die Zähne. 彼女は（自分の）手を／歯を洗う／磨く。

身体部位の所有関係を表す3格を「所有の与格（possessiver Dativ）」という。
主語が形の上でも意味の上でも複数の場合、「お互いに」という相互的な意味を表すこともある。

Wir verstehen uns sehr gut. 我々は（お互いに）とてもよく理解し合っている。
Man grüßt sich freundlich. 人々は互いに親しげに挨拶をかわす。

§3 再帰動詞

再帰代名詞を伴い、動詞の持つ他動詞の意味を自動詞に変えたり、不随意的な動作を表す動詞は再帰動詞と呼ばれる。再帰動詞とともに用いられる再帰代名詞の多くは4格であるが、少数の動詞は3格の再帰代名詞（$sich^3$）をとる。

sich freuen

単数	複数
1. ich freue mich	1. wir freuen uns
2. du freust dich	2. ihr freut euch
3. er freut sich	3. sie freuen sich
	Sie freuen sich

sich erinnern

単数	複数
1. ich erinnere mich	1. wir erinnern uns
2. du erinnerst dich	2. ihr erinnert euch
3. er erinnert sich	3. sie erinnern sich
	Sie erinnern sich

$sich^3$ et. vorstellen

単数	複数
1. ich stelle mir et. vor	1. wir stellen uns et. vor
2. du stellst dir et. vor	2. ihr stellt euch et. vor
3. er stellt sich et. vor	3. sie stellen sich et. vor
	Sie stellen sich et. vor

§4 再帰動詞による熟語的用法

再帰動詞は非人称の**es**とともに熟語的用法において用いられる。

Es sitzt sich bequem auf diesem Sofa. このソファーは座り心地がよい。
Hier lebt / arbeitet es sich gut. ここは住み心地がよい／働きやすい。
Das Buch verkauft / liest sich leicht. この本は売れ行きがよい／読みやすい。
Worum handelt es sich? 何が問題となっていますか？

また、再帰動詞は「～した結果～になる」という結果を表す構文にも用いられる。

Ich habe mich satt gegessen / getrunken.　私は腹いっぱい食べた / 存分に飲んだ。
Ich habe mich müde gearbeitet / gelaufen.　私は働き / 歩き疲れた。

　sich + 不定詞 + lassen は sein + zu 不定詞（⇒第13課 §7）と同様に「可能受動（〜され得る）」の意味を表す。

Die Hitze lässt sich kaum ertragen.
　この暑さはほとんど耐えがたい（＝ Die Hitze ist kaum zu ertragen.）。

練習問題

Ⅰ. (　)内に適切な再帰代名詞を入れて文を完成し、その文を日本語に訳しなさい。

1) Ich kann (　　　) die Szene genau vorstellen.

2) Der Bürgermeister setzte (　　　) für die Lösung des Problems ein.

3) Es stellte (　　　) heraus, dass er (　　　) an dem Diebstahl beteiligt hatte.

4) In Rom fühlt man (　　　) in die früheren Zeiten zurückversetzt.

5) Die Mutter sagt den Kindern: „Putzt (　　　) die Zähne und kämmt (　　　) die Haare, bevor ihr in die Schule geht."

Ⅱ. 次のドイツ語を日本語に訳しなさい。

1) Bis zum Jahre 1871 unterschied sich Deutschland grundlegend von den meisten anderen Ländern Europas dadurch, dass es aus kleinen Territorialstaaten bestand.

2) Nach dem französischen Religionswissenschaftler Émile Durkheim (1858-1917) besteht zwischen der heiligen und der profanen Welt eine antagonistische Beziehung. Die zwei Welten entsprechen zwei Lebensformen. Diese Lebensformen schließen sich aus und können nicht im gleichen Augenblick mit der gleichen Intensität gelebt werden.

3) Zur Zeit gibt es insgesamt 131 Atomkraftwerke in 14 EU-Ländern. Man zerbricht sich den Kopf, wie die radioaktiven Abfälle entsorgt und endgelagert werden können.

Ⅲ. 次の日本語をドイツ語に訳しなさい。

1) その女性化学者は岩石（Gestein）からラジウム（Radium）を取り出す（extrahieren）ことを自分の目標として定めた（sich et. zum Ziel setzen）。

2) 君は車のスピードを出しすぎ（zu schnell fahren）ないよう注意し（sich vor et. hüten）なさい（sollen）。

Lektion 18

関係代名詞、指示代名詞、不定代名詞

文と文を関係づける（relate）代名詞

関係代名詞はドイツ語ではRelativpronomenと呼ばれますが、relativを辞書で引くと「関係する、相対的な」とあり、名詞形はRelation「関係（づけること）」です。2つの文を関係づける代名詞が関係代名詞ですが、先行詞との間の位置関係も複雑です。

先行詞との位置関係

Hans hat das Buch gekauft. Thomas hat ihm das Buch empfohlen. という2つの文を関係代名詞で結びなさい、という問題の答えとしては(1)と(2)がよく見られます（太文字はアクセント）。

(1) Hans hat das Buch, das ihm Thomas empfohlen hat, gekauft.
　　ハンスはトーマスが彼に勧めた本を買った。
(2) Hans hat das **Buch** gekauft, das ihm Thomas empfohlen hat.
　　ハンスはトーマスが彼に勧めたその本を買った。

(1)と(2)の違いは、(2)ではアクセントが置かれたdas Buchに意識が集中し、das Buchが「焦点」になります。このことはderjenigeによる書き替えでも分かります。

(3) Hans hat dasjenige **Buch** gekauft, das ihm Thomas empfohlen hat.
　　ハンスはトーマスが彼に勧めたその本を買った。

（なお、(3)の文は学術的な文体である）

先行詞の種類

関係代名詞の先行詞が不特定あるいは特定な人や事物を表すかどうかは重要な問題です。前者には不定冠詞、不定代名詞（etwas, alles, jemandなど）、後者には定冠詞、指示代名詞（derjenigeなど）の付いた名詞が属し、以下の例が示すように、それぞれ類型「どのような（種類の）〜」と指定「どの〜」を表します。

(4) Das ist ein Auto, das ich mir schon lange gewünscht habe.
　　それは私がずっと前から欲しいと思っていたような車だ。
(5) Das ist das Auto, das ich mir schon lange gewünscht habe.
　　それが私がずっと前から欲しいと思っていた（まさに）その車だ。
(6) Ein Absolvent ist jemand, der das Abitur macht.
　　アプゾルヴェントはアビトゥーア（高校卒業試験）を受ける者のことである。
(7) Sind Sie derjenige, der im Lotto gewonnen hat?
　　あなたがロトくじに当たった方ですか？

> **さあ、諳んじましょう！** CD 49
>
> Wer überlegt, der sucht Beweggründe, nicht zu dürfen.
> 熟慮する者はしてはいけない動機を探し求める。
>
> Lessing „Nathan der Weise"（レッシング"賢者ナータン"より）

§1 関係代名詞と関係文

　関係代名詞は先行詞を指示する代名詞であり、また副文を主文に結びつける従属接続詞をも兼ねている（⇒第11課）。関係代名詞および関係副詞により導かれる副文は関係文と呼ばれ、前者は付加語的に名詞を修飾するという形容詞の役割を、後者は場所、時、理由、様態など副詞の役割を果たす。関係文においては定動詞は後置される。

§2 定関係代名詞の形

定関係代名詞は太文字の箇所を除いて定冠詞と同じ形を示す。

	単数		
	男性	女性	中性
1格	der	die	das
2格	**dessen**	**deren**	**dessen**
3格	dem	der	dem
4格	den	die	das

	複数
1格	die
2格	**deren**
3格	**denen**
4格	die

　定関係代名詞は先行詞と性・数を一致させるが、格は関係文で果たす役割により決定される（⇒§3）。尚、文語では welcher という古風な定関係代名詞も用いられることがあるが、2格で上述の dessen, deren, dessen, deren という形が現れることを除いて、疑問代名詞 welcher（⇒第6課§1）と同じ形である。

§3 定関係代名詞の用法

特定の先行詞を受ける関係代名詞は定関係代名詞と呼ばれ、次の2つの用法に大別される。

1 制限的用法

関係文は先行詞を対象的に限定する。

Hier ist das Buch, das mich sehr interessiert.　これは私がとても興味を持っている本です。
Hier ist das Buch, dessen Titel ich von dir erfahren habe.
　これはそのタイトルを君から教えてもらった本です。

Hier ist das Buch, von dem ich dir gestern erzählt habe.
　これは君に昨日お話した本です。
Hier ist das Buch, das ich gestern gekauft habe.
　これは私が昨日買った本です。

　制限的用法に属するものとして強調構文がある。強調構文は関係文を先取りする非人称es（⇒第16課§7）を文頭に置くが、関係代名詞は述語の性・数に一致させる。述語が人称代名詞の場合は文頭に置く。

Es war sein Bruder / seine Schwester, der / die als Erster / als Erste das Ziel erreicht hat.
　1位でゴールインしたのは彼の兄弟/姉妹だった。
Er ist es, der das Geld gestohlen hat.
　そのお金を盗んだのは彼です。

2 非制限的用法

　関係文は先行詞の内容を追加的に説明し、先行詞は人名などの固有名詞、普遍的概念などが多く用いられる。

Goethe, der den Roman „die Leiden des jungen Werthers" geschrieben hat, wurde im Jahre 1749 in Frankfurt geboren.
　ゲーテは長編小説『若きヴェルテルの悩み』を書きましたが、1749年にフランクフルトで生まれました。

　関係文にaber, dannなどの語が用いられている場合は、出来事が主文から関係文へと継起する継続的関係文と見なされる：
Er stellte mir eine ziemlich leichte Frage, die ich aber nicht beantworten konnte.
　彼は私にかなり易しい質問をしましたが、わたしはそれに答えることができませんでした。

§4 不定関係代名詞の形

　特定の先行詞を受けず、「およそ〜」という一般的な意味を表す関係代名詞は不定関係代名詞と呼ばれる。人を表すwer「およそ〜する人」と事物を表すwas「およそ〜もの/こと」があり、両者とも単数形のみである。

　不定関係代名詞は疑問代名詞と同じ形を示す（⇒第6課§4）。

	人	事物
1格	wer	was
2格	wessen	wessen
3格	wem	—
4格	wen	was

§5 不定関係代名詞の用法

不定関係文は指示代名詞により受けられるが、男性1格der, 中性1・4格dasは省略されることが多い。

Wer mitmachen will, (der) ist jederzeit willkommen.
参加を希望する者は誰でも歓迎します。

Wessen ich bedarf, das will ich mir selber verschaffen.
私は必要とするものを自分自身で調達するつもりです。

Wem nicht zu raten ist, dem ist nicht zu helfen. (諺)
人の言うことを聞かない者は助けようがない。

Wen man liebt, dem vertraut man blindlings. 人は愛する者を誰でもひたすら信用する。

Was mich begeisterte, (das) waren seine Worte. 私を熱狂させたのは彼の言葉です。

Was man nicht weiß, (das) macht einen nicht heiß. (諺)
人が知らないことは人を熱くさせない→知らぬが仏。

不定関係代名詞 was は、etwas, nichts, alles, manches, vieles, 形容詞の名詞的用法中性形、さらに非制限的（継続的）用法において前文の内容を先行詞として受ける場合にも用いられる。

Das ist etwas, was du nicht weißt. それは君が知らないようなことです。

Das ist alles, was er gesagt hat. それは彼が語ったすべてです。

Der Lehrer weiß vieles, was uns interessiert.
その教師は我々が興味を抱く多くのことを知っている。

Das ist das Beste, was ich machen kann. それが私ができる最善のことです。

Er hat die Prüfung bestanden, was uns sehr überraschte.
彼は試験に合格したが、そのことは我々をとても驚かせた。

§6 関係副詞の用法

先行詞の意味に対応して、場所 wo、時 als、理由 warum、様態 wie などの関係副詞が用いられる。

Das ist der Ort, wo viele Soldaten gefallen sind.
あれが多くの兵士が戦死した場所です。

Ich erinnere mich noch an den Tag, als ich zum ersten Mal geflogen bin.
私は初めて飛行機に乗った日をまだ覚えています。

Er erklärte mir den Grund, warum er zu spät zur Schule kam.
彼は私に学校に遅刻した理由を語った。

Mir gefiel die Art und Weise, wie er das Märchen vorlas.
彼のその童話の朗読の仕方は私の気に入った。

Lektion 18

§7 指示代名詞の形

指示代名詞の名詞的用法は複数 2 格 derer を除いて関係代名詞と同じ形を示す。付加語的用法は定冠詞と同じ形である。指示代名詞はアクセントをもっていることから、das, dessen を除き、語幹の母音は der [de:r] のように長く発音される。尚、指示代名詞には dieser, jener（⇒第 6 課）も属する。

[名詞的独立用法]
名詞を指示し、常にアクセントを持つ：

§8 指示代名詞 der の用法

今話題となっている名詞を人称代名詞よりも強く指示する。2 格の dessen, deren は直前の同じ数・性の名詞を受ける。

Wo ist Hans? — Der spielt im Garten.
　ハンスはどこにいるの？ — あの子なら庭にいますよ。
　（参照：Wo ist Hans? — Er spielt im Garten.　ハンスはどこにいるの？—庭で遊んでいますよ。）
Ich gehe zu dem Arzt, den du mir empfohlen hast.
　私は君が薦めてくれたその医者のところへ行く。
　（参照：Ich gehe zum Arzt.　私は医者へ行く。）
Er reist mit seinem Freund und dessen Tochter.
　彼は彼の友人そしてその友人の娘と旅行する。

指示代名詞は先行する同じ名詞の反復を避けるためにも用いられる。

Das Auto meines Vaters ist schöner als das meines Bruders.
　私の父の車は兄弟のそれよりもすばらしい。

§9 不定代名詞の種類と用法

1 不定代名詞の種類

不定代名詞は不特定の人や事物を受ける代名詞で、性・数・格に従って語形変化を行う。ドイツ語には alles「すべてのこと」（中性単数形）、alle「すべての人々」（複数形）、jeder「誰も、各人」、manch「かなりの（少なからぬ）数の人・事物」（⇒第6課）、man「誰かある人、（世の）人」、irgendein「誰か・何かある」、einer「誰かある一人」、welch「いくらか、いくつか」、keiner「誰も〜ない」、jedermann「誰でも」、jemand「誰か、ある人」、niemand「誰も〜ない」、etwas「何か」（無変化）、nichts「何も〜ない」（無変化）のような不定代名詞がある。

2 不定代名詞の用法

man は er ではなく man で受けるが、所有冠詞は sein を用いる。また、2・3・4格は einer の変化形で代用する。

Wenn man eine Familie gründen will, muss man sie selbst ernähren.
　もし人は一家を構えたいならば人は自分自身で家族を養わなければならない。

Man kann nicht wissen, was einem in der Zukunft geschieht.
　将来自分に何が起こるか誰にも分からない。

Hat jemand an die Tür geklopft? — Nein, niemand.
　誰かドアをノックしましたか？— いや、誰も。

Lektion 18

 練習問題

Ⅰ. (　　) 内に関係代名詞あるいは指示代名詞を補って文を完成し、その文を日本語に訳しなさい。

1) Die harten Bedingungen, unter (　　) viele Arbeiter arbeiten, müssen verbessert werden.

2) Die Eltern führen ihre Kinder und (　　) Freunde ins Fußballstadion.

3) Der Schüler erzählte mir alles, (　　) er während seines Urlaubs erlebt hatte.

4) (　　) Märchen und Wälder liebt, (　　) empfehle ich eine Reise nach Deutschland.

5) Er ist es, (　　) mich aus der Not gerettet hat.

Ⅱ. 次のドイツ語を日本語に訳しなさい。

1) Im Mittelalter waren die Stadtbürger frei. Wer unangefochten ein Jahr lang in der Stadt gelebt hatte, auf den hatte sein einstiger Herr keine Ansprüche mehr.

2) Gegen die Fahrradunfälle, deren Zahl in den letzten Jahren stark angestiegen ist, müssen geeignete Maßnahmen getroffen werden.

3) Jubiläen und Geburtstage machen einen immer wieder darauf aufmerksam, wie schnell die Zeit vergeht.

Ⅲ. 次の日本語をドイツ語に訳しなさい。

1) その象徴（Wahrzeichen）がシュテファン大聖堂（der Stephansdom）であるウイーンの町（die Stadt Wien）を私は10年ぶりに（nach zehn Jahren）訪れました。

2) 人々はその地方の政治的情勢 (politische Lage) を調べるために (sollen) 調査団 (Expedition) を派遣し (entsenden) た。

Lektion 19

接続法Ⅰ式

ドイツ語の接続法は起源的に Eintopf

　ドイツには様々な野菜と肉を鍋に入れて煮込むアイントップ（Eintopf）という料理があります。奇妙な喩ですが、ドイツ語の接続法にも動詞の2つの法の様々な用法が混ざり合っています。接続法は古典語では副文と密接に結びついた動詞の形であるためにそう呼ばれましたが、文の接続のためだけに用いられる形ではありません。

　ドイツ語の接続法はその起源に関して、印欧祖語（ヨーロッパ語の祖先）の接続法（Konjunktiv）と希求法（Optativ）という2つの全く異なる法を引き継いでいます。

祖語の接続法とドイツ語

　接続法は、1) **偶発の接続法**と 2) **意志の接続法**に分かれます。

1) 偶発の接続法 ― 「事柄が場合によっては未来に起こり得る」という偶発性を表し、ドイツ語では、「万一～の場合」という意味を表す＜**sollen**の接続法Ⅱ式＋不定詞＞の形式に引き継がれています：

    (1) Wenn es morgen regnen sollte, bleiben wir lieber zu Hause.
    　　　万一明日雨が降る場合には我々はむしろ家に留まります。

    　Falls ich mich verspäten sollte, gehen Sie bitte vor!
    　　　万一私が遅くなるような場合には、どうぞお先に行ってください！

2) 意志の接続法 ― 勧誘の接続法（Adhortativ）とも呼ばれ、ドイツ語では＜wollen/ sollen wir＋不定詞＞、＜lass/lasst uns＋不定詞＞、＜接続法Ⅰ式1人称複数形＋wir＞に残されています。

    (3) Wollen/ Sollen wir jetzt spazieren gehen!　これから散歩に行きましょう！
    (4) Lasst/ Lass uns gehen! (= Gehen wir!)　　　行きましょう！

祖語の希求法とドイツ語

　希求法（Optativ）は、1) **願望の希求法**と 2) **可能性の希求法**に分かれます。

1) 願望の希求法 ― 話者の「願望・要求」を表し、ドイツ語の要求話法（接続法Ⅰ式）と非現実話法（接続法Ⅱ式）に受け継がれています。

    (5) Möge sie glücklich werden!　彼女が幸せになりますように！

2) 可能性の希求法 ― 「想像・仮定」に基づく事柄を表し、ドイツ語の間接話法（接続法Ⅰ式）の起源です

    (6) Er sagte, er könne nicht kommen.　彼は来られないと言った。

Lektion 19

> **さあ、諳んじましょう！**
>
> Das beste Mittel, jeden Tag gut zu beginnen, ist beim Erwachen daran zu denken, ob man nicht wenigstens einem Menschen an diesem Tag eine Freude machen könne.
>
> 毎日機嫌よく始める最良の方法は目覚めた時この日少なくとも一人の人間に喜びをもたらすことができるかどうかを考えることである。
>
> *Nietzsche* aus „Menschliches, Allzumenschliches"（ニーチェ"人間的、あまりに人間的"より）

§1 法

法（Modus）とは発話に対する話者の態度を意味し、直説法（Indikativ）は事態をそのまま「事実」として述べるのに対し、接続法（Konjunktiv）は事態を主観的な「想像・仮定・要求」、「（非現実の）願望」として述べるものである。

§2 接続法Ⅰ式の人称変化

lernen

	単数	複数
1.	lerne	lernen
2.	lernest	lernet
3.	lerne	lernen

fahren

	単数	複数
1.	fahre	fahren
2.	fahrest	fahret
3.	fahre	fahren

haben

	単数	複数
1.	habe	haben
2.	habest	habet
3.	habe	haben

können

	単数	複数
1.	könne	können
2.	könnest	könnet
3.	könne	können

sein

	単数	複数
1.	sei	seien
2.	sei(e)st	seiet
3.	sei	seien

lächeln

	単数	複数
1.	läch(e)le	lächeln
2.	lächelst	lächelt
3.	läch(e)le	lächeln

① 接続法Ⅰ式は不規則動詞（⇒第4課）、話法の助動詞（⇒第7課）においても幹母音は変化しない。不定詞の語幹（例 lern-）につく人称語尾は単数1人称から複数3人称まで、それぞれ -e, -est, -e, -en, -et, -en である。

② 不定詞が -eln, -ern で終わる動詞は lächeln と同じ変化であるが、lächele の形はほとんど用いられない。

練習 1. 次の動詞を接続法Ⅰ式で現在人称変化させなさい。

1) wohnen　　2) müssen　　3) wissen　　4) leben　　5) werden
6) handeln　　7) wandern　　8) sterben　　9) wollen　　10) senden

§3 接続法Ⅰ式の時制

　　　　　　直説法　　　　　　　　　　　　　　　　接続法Ⅰ式
[現　　在]　er lernt / fährt　　　　　　　　　　er lerne / fahre
[過　　去]　er lernte / fuhr
[現在完了]　er hat gelernt / ist gefahren　　　er habe gelernt / sei gefahren
[過去完了]　er hatte gelernt/ war gefahren
[未　　来]　er wird lernen/ wird fahren　　　　er werde lernen/ werde fahren
[未来完了]　er wird gelernt haben/ wird gefahren sein
　　　　　　　　　　　　　　　　　　　　　　　　er werde gelernt haben/ werde gefahren sein

§4 接続法Ⅰ式の用法

1 間接話法（直接話法との対比において）

直接話法　Er sagt/ sagte: „ich lerne gern Deutsch."
　　　　　彼は言う／言った："私はドイツ語を学ぶのが好きです。"
間接話法　Er sagt/ sagte, er lerne gern Deutsch.
　　　　　彼はドイツ語を学ぶのが好だと言う／言った。

直接話法　Er sagt/ sagte: „ich habe gestern Deutsch gelernt."
　　　　　彼は言う／言った："私は昨日ドイツ語を学びました。"
間接話法　Er sagt/ sagte, er habe gestern Deutsch gelernt.
　　　　　彼は昨日ドイツ語を学んだと言う／言った。

直接話法　Er sagt/ sagte: „ich war damals Student."
　　　　　彼は言う／言った："私は当時大学生でした。"
間接話法　Er sagt/ sagte, er sei damals Student gewesen.
　　　　　彼は当時大学生だったと言う／言った。

直接話法　Er fragt/ fragte mich: „Spielst du gern Fußball? "
　　　　　彼は私に尋ねる／尋ねた："君はサッカーをするのが好き？"
間接話法　Er fragt/ fragte mich, ob ich gern Fußball spiele.
　　　　　彼は私にサッカーをするのが好きかと尋ねる／尋ねた。

直接話法　Er befiehlt/ befahl mir: „Folge mir!"
　　　　　彼は私に命じる／命じた："私について来なさい！"

Lektion 19

間接話法　Er befiehlt/ befahl mir, ich solle ihm folgen.
　　　　　　彼は私について来るようにと命じる／命じた。

直接話法　Er bittet/ bat mich: „Leih mir bitte Geld!"
　　　　　　彼は私に頼む／頼んだ："どうかお金を貸してくれ！"

間接話法　Er bittet/ bat mich, ich möge ihm Geld leihen.
　　　　　　彼は私にお金を貸すようにと頼む／頼んだ。

接続法Ⅰ式の語形と直説法の語形が同じ場合は接続法Ⅱ式（⇒第20課）の形を使うことがある。

Der Lehrer fragte die Schüler: „Habt ihr Lust, mit mir zu kommen?"
Der Lehrer fragte die Schüler, ob sie Lust hätten, mit ihm zu kommen.
　先生は生徒たちに自分について来る気があるかと尋ねた。

2 要求話法——話者の願望・要求および譲歩・認容を表す。敬称Sieに対する命令形（⇒第12課§5）および1人称複数形による勧誘法（Adhortativ）は接続法Ⅰ式に由来する。

① 願望・要求

　Kommen Sie bitte herein!　　　　　　どうぞお入りください！
　Gehen wir schwimmen!　　　　　　　泳ぎに行こう！
　Sie möge bald wieder gesund werden!　彼女がすぐに健康を回復しますように！
　Man nehme täglich drei Tabletten.　　　一日に3錠服用のこと！

② 譲歩・認容

　Er mache, was er wolle, ich werde es ihm nie erlauben.
　　彼が何をしようと私は彼にそうさせはしない。
　（主文は定形正置）

練習問題

Ⅰ. 直接話法を間接話法に書き換え、その文を日本語に訳しなさい。

1) Ich fragte ihn: „Hast du Zeit, mit mir Fußball zu spielen?"

2) Der Lehrer befahl den Schülern: „Setzt euch bitte!"

3) Der Tourist bat einen Passanten: „Zeigen Sie mir bitte den Weg zum Hauptbahnhof!"

4) Die Mutter sagt zu ihrem Sohn: „Steh früh auf! Sonst kommst du zu spät in die Schule."

5) Der Arzt erklärte: „Der Schwerverletzte ist bewusstlos. Für ihn besteht aber keine akute Lebensgefahr."

Ⅱ. 次のドイツ語を日本語に訳しなさい。

1) Schiller schreibt in seiner Schrift „Über naive und sentimentalische Dichtung" über die Sprache des Genies, das Genie gebe seinem Gedanken mit einem einzigen glücklichen Pinselstrich einen ewigen, festen Umriss.

2) Der amerikanische Linguist Chomsky sagt, dass Sprecher/innen ein universales, ihnen innewohnendes Regelsystem besäßen, das es ihnen ermögliche, Sprache sowohl zu verstehen wie auch zu erzeugen.

3) Die Gesellschaft für deutsche Sprache berichtet in einer Studie, etwa 80% der Befragten mit Abitur und Hochschulabschluss verstünden bei vielen Fachbegriffen im Beamtendeutsch überhaupt nichts.
（註1：Über naive und sentimentalische Dichtung「素朴文学と情感文学」）

Ⅲ. 次の日本語をドイツ語に訳しなさい。

1) その男子学生 (der Student) は私に、たとえドイツ語がいかに難しくても (wie schwierig.... auch sein + mögen)、これからもドイツ語を勉強し続ける (weiter lernen) つもりだ (werden) と言った。

2) 直線AB (die Linie AB) の長さを10cmとして、その中心から上に向かって直線を引く (nach oben eine Gerade ziehen) ように。

Lektion 20

接続法Ⅱ式

様々な条件

第19課では接続法の起源について説明しましたが、この課で扱う非現実話法も併せて図示すると次のようになります：

印欧祖語	ドイツ語
希求法（可能性および願望）	接続法第Ⅰ式（間接話法および要求話法）
	接続法第Ⅱ式（非現実話法・婉曲話法）
接続法（偶発性および意志）	偶発性のsollteおよび勧誘の接続法第Ⅰ式

このような接続法と希求法の用法に基づいて、条件文は1．「現実性（real）」、2．「非現実性（irreal）」、3．「可能性（potential）」、4．「偶発性（eventual）」を表す4つの形式に分けることができます。ドイツ語ではそれぞれ、1．直説法、2．接続法第Ⅱ式（irrealな非現実）、3．接続法第Ⅱ式（potentialな非現実）、4．(falls) ～ sollenの接続法第Ⅱ式＋不定詞（⇒第19課）により表現されます。

(1) Wenn es regnet, bleiben wir zu Hause.
　　もし雨が降れば我々は家に留まります。
(2) Wenn ich ein Vöglein wäre, dann flöge ich zu dir.
　　もし私が小鳥であったならば君の所に飛んで行くのに。
(3) Wenn es nicht regnete, blieben wir nicht zu Hause.
　　もし雨が降らなければ我々は家に留まらないのに。
(4) Wenn es regnen sollte, bleiben wir zu Hause.
　　万一雨が降る場合には我々は家に留まります。

(2)の「あり得ない」非現実（irreal）と、(3)の「あり得る」(potential) 非現実（⇒§4④）は本来別のものであり、この2つを分ける言語も多くあります。

ドイツ語に限らず、言語は非現実の事柄を表現する際に、過去に向かった現在形以外の時制を用いる傾向があり、この現象はバックシフトと呼ばれています（例 日本語の「～であったら」）。非現実話法を表す接続法Ⅱ式も起源的に現在形ではなく、その点において現在形に由来する接続法Ⅰ式とは時制の面で異なっています。また、ドイツ語の接続法にⅠ式、Ⅱ式という2つの形が存在するのもそのためです。

> **さあ、諳んじましょう！**
>
> Es war, als hätte der Himmel　　まるで大空が
> Die Erde still geküsst,　　　　　大地にそっと口づけしたかのようであった
> Dass sie im Blütenschimmer　　　大地が花々のほのかな光の中で
> Von ihm nun träumen müsst'　　　今や大空のことを夢見ることができるように
>
> 　　　　　　　　　　　*Eichendorf* aus „*Mondnacht*" （アイヒェンドルフ"月夜"より）
> 　　　　　　　　　　　　　　　　　　　話法の助動詞　第7課最初のページ参照

§1　接続法Ⅱ式の人称変化

lernen

	単数	複数
1.	lernte	lernten
2.	lerntest	lerntet
3.	lernte	lernten

fahren

	単数	複数
1.	führe	führen
2.	führest	führet
3.	führe	führen

haben

	単数	複数
1.	hätte	hätten
2.	hättest	hättet
3.	hätte	hätten

können

	単数	複数
1.	könnte	könnten
2.	könntest	könntet
3.	könnte	könnten

werden

	単数	複数
1.	würde	würden
2.	würdest	würdet
3.	würde	würden

sein

	単数	複数
1.	wäre	wären
2.	wärest	wäret
3.	wäre	wären

　接続法Ⅱ式の人称語尾はⅠ式と同様に単数1人称から複数3人称まで、それぞれ -e, -est, -e, -en, -et, -en である（例 führ-e, führ-est, führ-e）。

動詞の種類に従った接続法Ⅱ式の特徴は次の通りである：

① 弱変化（規則）動詞は直説法過去形と同じ形を示す（⇒第9課§4）。
② 強変化（不規則）動詞は直説法過去形の幹母音 a, o, u がそれぞれウムラウト ä, ö, ü となる。
③ 混合変化は直説法過去形の幹母音 a に対して e という母音を示すが、話し言葉では用いられず、「würde ＋不定詞」により代用される（直説法 kannte、接続法Ⅱ式 kennte －口語 würde kennen）。

Lektion 20

§2 接続法Ⅱ式の時制

	直説法	接続法Ⅱ式
[現　　在]	er lernt / fährt	er lernte / führe
[過　　去]	er lernte / fuhr	
[現在完了]	er hat gelernt / ist gefahren	er hätte gelernt / wäre gefahren
[過去完了]	er hatte gelernt/ war gefahren	
[未　　来]	er wird lernen/ wird fahren	er würde lernen/ würde fahren
[未来完了]	er wird gelernt haben/ wird gefahren sein	er würde gelernt haben/ würde gefahren sein

§3 接続法Ⅱ式の用法

1 非現実話法

　非現実話法はふつう条件を表す前提部と結論を表す結論部から成り、現在における非現実の事柄を表す場合は、前提部に接続法Ⅱ式の現在、結論部に接続法Ⅱ式の現在あるいは未来時制が用いられる。また、過去における非現実の事柄を表す場合は、前提部に接続法Ⅱ式の過去、結論部に接続法Ⅱ式の過去あるいは未来完了時制が用いられる。尚、結論部に未来あるいは未来完了時制を用いる形式がより口語的である：

Wenn er das wüsste , (so) sagte er mir das.
　彼がそれを知っていれば私にそれを言うであろうに。
Wenn er das wüsste , (so) würde er mir das sagen. "同上"

Wenn er das gewusst hätte, (so) hätte er mir das gesagt.
　彼がそれを知っていたら私にそれを言ったであろうに。
Wenn er das gewusst hätte, (so) würde er mir das gesagt haben. "同上"

　また、前提部は従属接続詞wenn を用いることなく、主語と動詞を倒置させて表現することも可能である。

Wüsste er das, (so) sagte er mir das.
　彼がそれを知っていれば私にそれを言うであろうに。
Hätte er das gewusst, (so) hätte er mir das gesagt.
　彼がそれを知っていたら私にそれを言ったであろうに。

　また、前提部が接続法Ⅱ式過去、結論文がⅡ式現在時制の結びつきも可能である。

Wenn der Computer nicht erfunden worden wäre, würde unser Leben ganz anders aussehen.
　もしコンピュータが発明されなかったならば、私達の生活はまったく違った様相を呈するであろうに。

2 前提部および結論部の独立用法

非現実話法においては、前提部および結論部のみで言い切る形式が存在し、それぞれ前提部の独立用法および結論部の独立用法と呼ばれる。また、結論部の独立用法においては副詞や前置詞句が前提部の役割を果たしている。

Wenn ich das nur gewusst hätte!　　私がせめてそれを知っていたなら！
Hätte er das doch gewusst!　　　　 彼がせめてそれを知っていたなら！

An deiner Stelle würde ich das nicht tun.
　　君の立場なら（＝私が君だったら）それをしないだろうに。
Beinahe wäre ich von einem Lastwagen überfahren worden.
　　すんでのところで私はトラックに轢かれるところだった。

§4 接続法Ⅱ式による熟語的用法

1 副文における否定的表現

主文に含まれる否定的表現によって副文の内容が事実に反する場合、接続法Ⅱ式が用いられる。

Er spricht zu schnell, als dass ich ihn verstehen könnte.
　　彼はあまりにも速く話すので、私は彼の言うことを理解できない。
Es war niemand da, der mich daran gehindert hätte.
　　そこには私がそのことをするのを邪魔する者は誰もいなかった。
Ich kann mir kaum denken, dass sie nichts davon wissen sollte.
　　私は彼女がそのことについて何も知らないなんてほとんど考えられない。
Er spricht Deutsch, als ob er (ein) Deutscher wäre / als wäre er (ein) Deutscher.
　　彼はまるでドイツ人であるかのようにドイツ語を話す。

2 外交的接続法

話者が事柄を非現実話法で婉曲に述べる場合、聞き手に猶予を与え、直説法で述べる場合よりも控えめで丁寧な表現になる。

Ich hätte eine Frage / eine Bitte an Sie.　　質問が／お願いがあるのですが。

「Würden Sie / Könnten Sie ＋ 不定詞」は丁寧な依頼を表す。

Würden Sie mir bitte die Zeitung bringen?　　新聞を持ってきていただけませんか。
Könnten Sie mir bitte sagen, wie ich zum Bahnhof komme?
　　駅にどうやって行けばよいか教えていただけませんか。

「dürfte, könnte」はそれぞれ「控えめな主張・推量"おそらく～でしょう、～かもしれない"」、「不確実な推量"たぶん～かもしれない、～であり得る"」を表す。

Das dürfte wohl in Zukunft möglich sein.
　それは多分将来可能かもしれないでしょう。

Das könnte zu einem schrecklichen Ergebnis führen.
　それは多分恐ろしい結果に至るでしょう。

　「hätte + 不定詞 sollen / können」は、それぞれ "～すべきだったのに"、"～できたのに" という「実現しなかった事への後悔・非難」を表す。過去分詞に代わる不定詞（⇒第10課§3）。

Ich hätte es eher bemerken sollen.
　私は前もってそれに気づくべきだったのに。

Darauf hättest du mich aufmerksam machen können.
　そのことを君は私に気づかせることができたのに。

　「慣用的表現」として次のような文がある。

Es wäre besser, wenn Sie gingen.　　　あなたがいらっしゃるのがよいでしょう。
Ich wünschte, ich hätte das nicht gemacht.　私はそれをしなければよかったのになあ。

3　驚き、疑惑

　接続法Ⅱ式による感嘆文および反語的疑問文は「驚き、疑惑の表現」に用いられる。

Nun, wären wir zu Hause!　やれやれ、家に着いたぞ。
Sie hätte das gesagt?　　彼女がそんなことを言ったって？

4　仮定的認容

　「auch wenn + 接続法Ⅱ式」の形式（⇒第11課§4⑤、第20課最初のページ）は、実際には起こらないが、「もし仮に起こったとしても」という認容を表す。

Ich werde meine Pflicht erfüllen, auch wenn es mich das Leben kostete / kosten würde.
　たとえ仮にそれが命にかかわったとしても、私は義務を果たす決意である。

練習問題

Ⅰ．次の2つの文の最初のものを前提部にして非現実話法の文を作り、日本語に訳しなさい。

1) Thomas hat keine Zeit. Er kann nicht Fußball spielen.

2) Eva hat nicht viel Geld. Sie kann keine Reise nach Japan machen.

3) Er kann kein Deutsch. Er kann den Roman nicht ins Japanische übersetzen.

4) Der Student fragte den Professor nicht. Er konnte seinen Irrtum nicht korrigieren.

5) Der große Krieg brach aus. Die historischen Bauten blieben nicht unversehrt.

Ⅱ．(　　) 内の表現を使って文を完成させ、その文を日本語に訳しなさい。

1) Ich würde mich freuen, wenn........(Wir können uns einmal wiedersehen.)

2) An deiner Stelle........(Ich spreche so etwas Unbesonnenes nicht aus.)

3) Er tut, als ob.........(Er hört die Beschwerden nicht.)

4) Ich kann mir kaum vorstellen,.......(Das Universum dehnt sich immerfort aus.)

5) Ich habe leider keinen Ersatz; sonst........(Ich kann Ihnen einen leihen.)

Ⅲ．次のドイツ語を日本語に訳しなさい。

1) Die heute sehr hohe Lungenkrebstodesrate in Großstädten könnte zum Teil eine Folge der Schadstoffe in der verunreinigten Außenluft sein.

2) In Deutschland feiert man Weihnachten zusammen mit der Familie. So sagen die Deutschen oft: „Was wäre Weihnachten ohne Familie?"

3) Max Weber (1864-1920) kritisiert Hegel folgendermaßen: „Das logische Ideal würde ein System absolut allgemeingültiger Formeln bilden, welche das Gemeinsame alles historischen Geschehens abstrakt darstellen würden. Die historische Wirklichkeit würde selbstverständlich aus diesen Formeln niemals deduziert werden können."

Ⅳ．次の日本語をドイツ語に訳しなさい。

1) 救助隊（Rettungsmannschaft）が間に合っていた（rechtzeitig kommen）ら、その大災害の被害者（Katastrophenopfer）の数はずっと少なかったのに。

2) 私達は重大な事柄（eine wichtige Angelegenheit）に関してもっと慎重（vorsichtiger）に自分の意見を述べる（seine Meinung äußern）べきでしょう（sollen）。

主要不規則動詞変化表

不定詞	直接法現在		過去基本形	接続法第Ⅱ式	過去分詞
backen	*du*	bäckst (backst)	**backte**	backte	**gebacken**
（パンなどを）焼く	*er*	bäckt (backt)	**(buk)**	(büke)	
befehlen	*du*	befiehlst	**befahl**	befähle/	**befohlen**
命令する	*er*	befiehlt		beföhle	
beginnen			**begann**	begänne/	**begonnen**
始める、始まる				begönne	
bieten			**bot**	böte	**geboten**
提供する					
binden			**band**	bände	**gebunden**
結ぶ					
bitten			**bat**	bäte	**gebeten**
頼む					
bleiben			**blieb**	bliebe	**geblieben**
とどまる					
braten	*du*	brätst	**briet**	briete	**gebraten**
（肉などを）焼く	*er*	brät			
brechen	*du*	brichst	**brach**	bräche	**gebrochen**
破る、折る	*er*	bricht			
brennen			**brannte**	brennte	**gebrannt**
燃える					
bringen			**brachte**	brächte	**gebracht**
運ぶ、持ってくる					
denken			**dachte**	dächte	**gedacht**
考える					
dürfen	*ich*	darf	**durfte**	dürfte	**gedurft/**
…してもよい	*du*	darfst			**dürfen**
	er	darf			
empfehlen	*du*	empfiehlst	**empfahl**	empföhle/	**empfohlen**
推薦する	*er*	empfiehlt		empfähle	
erschrecken	*du*	erschrickst	**erschrak**	erschräke/	**erschrocken**
驚く	*er*	erschrickt		erschreckte	
essen	*du*	isst	**aß**	äße	**gegessen**
食べる	*er*	isst			
fahren	*du*	fährst	**fuhr**	führe	**gefahren**
（乗物で）行く	*er*	fährt			
fallen	*du*	fällst	**fiel**	fiele	**gefallen**
落ちる	*er*	fällt			

115

不定詞	直接法現在		過去基本形	接続法第Ⅱ式	過去分詞
fangen 捕える	*du* *er*	fängst fängt	**fing**	finge	**gefangen**
finden 見つける			**fand**	fände	**gefunden**
fliegen 飛ぶ			**flog**	flöge	**geflogen**
fliehen 逃げる			**floh**	flöhe	**geflohen**
fließen 流れる			**floss**	flösse	**geflossen**
frieren 凍る			**fror**	fröre	**gefroren**
geben 与える	*du* *er*	gibst gibt	**gab**	gäbe	**gegeben**
gehen 行く			**ging**	ginge	**gegangen**
gelingen 成功する			**gelang**	gelänge	**gelungen**
gelten 値する、有効である	*du* *er*	giltst gilt	**galt**	gölte	**gegolten**
genießen 享受する、楽しむ			**genoss**	genösse	**genossen**
geschehen 起こる	*es*	geschieht	**geschah**	geschähe	**geschehen**
gewinnen 獲得する、勝つ			**gewann**	gewönne/ gewänne	**gewonnen**
graben 掘る	*du* *er*	gräbst gräbt	**grub**	grübe	**gegraben**
greifen つかむ			**griff**	griffe	**gegriffen**
haben 持っている	*ich* *du* *er*	habe hast hat	**hatte**	hätte	**gehabt**
halten 持って（つかんで）いる	*du*	hältst	**hielt**	hielte	**gehalten**
hängen 掛っている			**hing**	hinge	**gehangen**
heben 持ち上げる			**hob**	höbe	**gehoben**

不定詞		直接法現在	過去基本形	接続法第Ⅱ式	過去分詞
heißen …と呼ばれる、という名前である			hieß	hieße	geheißen
helfen 助ける	*du* *er*	hilfst hilft	half	hülfe/ hälfe	geholfen
kennen 知る			kannte	kennte	gekannt
kommen 来る			kam	käme	gekommen
können …できる	*ich* *du* *er*	kann kannst kann	konnte	könnte	gekonnt (können)
laden （荷を）積む	*du* *er*	lädst lädt	lud	lüde	geladen
lassen …させる	*du* *er*	lässt lässt	ließ	ließe	gelassen (lassen)
laufen 走る	*du* *er*	läufst läuft	lief	liefe	gelaufen
leiden 悩む、苦しむ			litt	litte	gelitten
leihen 貸す、借りる			lieh	liehe	geliehen
lesen 読む	*du* *er*	liest liest	las	läse	gelesen
liegen 横たわっている			lag	läge	gelegen
lügen うそをつく			log	löge	gelogen
messen 測る	*du* *er*	misst misst	maß	mäße	gemessen
mögen …かもしれない	*ich* *du* *er*	mag magst mag	mochte	möchte	gemocht (mögen)
müssen …ねばならない	*ich* *du* *er*	muss musst muss	musste	müsste	gemusst (müssen)
nehmen 取る	*du* *er*	nimmst nimmt	nahm	nähme	genommen
nennen …と呼ぶ			nannte	nennte	genannt

不定詞		直接法現在	過去基本形	接続法第Ⅱ式	過去分詞
raten 助言する	*du* *er*	rätst rät	**riet**	riete	**geraten**
reißen 引きちぎる	*du* *er*	reißt reißt	**riss**	risse	**gerissen**
reiten (馬で) 行く			**ritt**	ritte	**geritten**
rennen 走る			**rannte**	rennte	**gerannt**
rufen 叫ぶ、呼ぶ			**rief**	riefe	**gerufen**
schaffen 創造する			**schuf**	schüfe	**geschaffen**
scheinen 輝く、思われる			**schien**	schiene	**geschienen**
schieben 押す			**schob**	schöbe	**geschoben**
schießen 撃つ			**schoss**	schösse	**geschossen**
schlafen 眠っている	*du* *er*	schläfst schläft	**schlief**	schliefe	**geschlafen**
schlagen 打つ	*du* *er*	schlägst schlägt	**schlug**	schlüge	**geschlagen**
schließen 閉じる			**schloss**	schlösse	**geschlossen**
schmelzen 溶ける	*du* *er*	schmilzt schmilzt	**schmolz**	schmölze	**geschmolzen**
schneiden 切る			**schnitt**	schnitte	**geschnitten**
schreiben 書く			**schrieb**	schriebe	**geschrieben**
schreien 叫ぶ			**schrie**	schrie	**geschrien**
schweigen 沈黙する			**schwieg**	schwiege	**geschwiegen**
schwimmen 泳ぐ			**schwamm**	schwömme	**geschwommen**
schwinden 消える			**schwand**	schwände	**geschwunden**

不定詞		直接法現在	過去基本形	接続法第Ⅱ式	過去分詞
sehen 見る	*du* *er*	siehst sieht	**sah**	sähe	**gesehen**
sein …である	*ich* *du* *er* *wir* *ihr* *sie*	bin bist ist sind seid sind	**war**	wäre	**gewesen**
senden 送る (、放送する)			**sandte/ sendete**	sendete	**gesandt/ gesendet**
singen 歌う			**sang**	sänge	**gesungen**
sinken 沈む			**sank**	sänke	**gesunken**
sitzen 座っている	*du* *er*	sitzt sitzt	**saß**	säße	**gesessen**
sollen …すべきである	*ich* *du* *er*	soll sollst soll	**sollte**	sollte	**gesollt (sollen)**
sprechen 話す	*du* *er*	sprichst spricht	**sprach**	spräche	**gesprochen**
springen 跳ぶ			**sprang**	spränge	**gesprungen**
stechen 刺す	*du* *er*	stichst sticht	**stach**	stäche	**gestochen**
stehen 立っている			**stand**	stände/ stünde	**gestanden**
stehlen 盗む	*du* *er*	stiehlst stiehlt	**stahl**	stähle/ stöhle	**gestohlen**
steigen 登る			**stieg**	stiege	**gestiegen**
sterben 死ぬ	*du* *er*	stirbst stirbt	**starb**	stürbe	**gestorben**
stoßen 突く	*du* *er*	stößt stößt	**stieß**	stieße	**gestoßen**
streichen なでる			**strich**	striche	**gestrichen**
streiten 争う			**stritt**	stritte	**gestritten**

不定詞		直接法現在	過去基本形	接続法第II式	過去分詞
tragen 運ぶ	*du* *er*	trägst trägt	**trug**	trüge	**getragen**
treffen 当たる、会う	*du* *er*	triffst trifft	**traf**	träfe	**getroffen**
treiben 追う			**trieb**	triebe	**getrieben**
treten 歩む、踏む	*du* *er*	trittst tritt	**trat**	träte	**getreten**
trinken 飲む			**trank**	tränke	**getrunken**
tun する	*ich* *du* *er*	tue tust tut	**tat**	täte	**getan**
vergessen 忘れる	*du* *er*	vergisst vergisst	**vergaß**	vergäße	**vergessen**
verlieren 失う			**verlor**	verlöre	**verloren**
wachsen 成長する	*du* *er*	wächst wächst	**wuchs**	wüchse	**gewachsen**
waschen 洗う	*du* *er*	wäschst wäscht	**wusch**	wüsche	**gewaschen**
wenden 向ける（、裏返す）			**wandte/ wendete**	wendete	**gewandt/ gewendet**
werben 得ようと努める	*du* *er*	wirbst wirbt	**warb**	würbe	**geworben**
werden …になる	*du* *er*	wirst wird	**wurde**	würde	**geworden (worden)**
werfen 投げる	*du* *er*	wirfst wirft	**warf**	würfe	**geworfen**
wissen 知る	*ich* *du* *er*	weiß weißt weiß	**wusste**	wüsste	**gewusst**
wollen …しようと思う	*ich* *du* *er*	will willst will	**wollte**	wollte	**gewollt (wollen)**
ziehen 引く、移動する			**zog**	zöge	**gezogen**
zwingen 強要する			**zwang**	zwänge	**gezwungen**

巻末索引

(付は巻末 Anhang 中の付録の頁数)

ア行

相手・第3者	34, 36
アクセント	97, 101
アスペクト	51
意向	36
意志	34, 36, 37, 38, 46
意思	92
意識的行為者	87, 88
意志の接続法	104
1人称	2, 3, 35, 38, 92, 93, 104, 105, 110
1格	2, 7, 8, 10, 13, 41, 68, 99, 100, 101
1格主語	87
一致	8, 98, 99
位置関係	97
意図	37
移動	37, 52, 53
意味変化	34
依頼	36
印欧(祖)語	63, 92, 104, 109
イントネーション(文調)	5, 66
ウムラウト	48, 81, 110
噂	36
-e-型	13
-er-型	13
英語	7, 46, 86
婉曲	112
婉曲話法	109
遠称	30
横断	25
大文字	2
驚き・疑惑	113
音節	81

カ行

下位	25
外交的接続法	112
概念	14
外来語	13
書き言葉	26, 46, 49, 51
格	2, 7, 10, 15, 22, 93, 98, 102
格言的慣用表現	69
格支配	24
確信	36
拡張	75, 76, 77
格変化	9, 13, 22, 23, 28, 29, 40, 42, 82
過去	46, 47, 48, 51, 53, 54, 55, 64, 87, 106, 111
下降調	5, 66
過去完了	46, 87, 106, 111
過去完了時制	51, 53
過去基本形	48
過去形	34, 35, 46, 51, 54, 110
過去現在動詞(Präteritopräsens)	35
過去時制	48, 49, 53
過去人称変化	46, 48
過去分詞	47, 52, 53, 54, 61, 64, 65, 68, 71, 74, 75, 76, 77, 86, 87, 88, 89, 113
過去分詞熟語の用法	77
可算名詞	14, 15, 30, 32
家族名	2
活動	52, 53
活用形	66
仮定	105
仮定的認容	113
可能	36
可能受動	68, 71, 78, 95
可能性(potential)	109
可能性の希求法	104
関係代名詞	97, 98, 99, 101
関係副詞	98, 100
関係文	40, 98, 99
観察時	48, 51, 53, 54, 87
冠詞	7, 10, 13, 14, 41, 70
冠飾句	75, 77
関心	30
間接疑問文	60
間接目的語	7, 88
間接話法	104, 106, 107, 109
感嘆符	66
感嘆文	113
幹母音	18, 48, 66, 105, 110
幹母音の交替	18
願望・要求	34, 36, 38, 46, 104, 105, 107, 109
願望の希求法	104
勧誘の接続法	104, 109
勧誘法	107
関与	74, 75
慣用的表現	113
完了	86
完了形	4, 74
完了語幹	34
完了時制	17, 51, 52
完了体	51, 86
完了の助動詞	51, 71
完了不定詞	54, 71
関連	25
期間	53
聞き手	66, 112
希求法(Optativ)	34, 104, 109
基数	19, 20
規則動詞	18
基礎動詞	63, 64, 65
既知(周知)	12, 14
起動相	51
義務	34, 36
義務受動	68, 71, 78
疑問代名詞	26, 29, 31, 98
疑問詞	5, 7, 9, 59
疑問文	5, 36
強調構文	99
強変化	14, 41, 42, 74, 75
強変化(不規則)動詞	47, 48, 66, 110
許可	36
距離的区別	30
禁止	36, 65
近称	30
近接	22
空間	40
空間・時間	22
空間的・具体的	30, 63, 65
空間の形容詞	40
偶発性(eventual)	104, 109
偶発の接続法	104
具象性	14
具象名詞	14
口調上の-e-	3, 18
継起	99
経験	53
経験者(Experiencer)	17, 92
敬称	1, 2, 3, 4, 48, 93, 107
継続	4, 48, 53
継続相	51
継続的	51, 75, 100
継続的関係文	99
形容詞	8, 9, 14, 19, 40, 41, 42, 43, 63, 74, 75, 76, 77, 80, 98
形容詞強変化	14, 42
形容詞の名詞的用法	40, 43, 44, 100
経路	22
結果	25, 94
決意	38
決定疑問文	5
結論部	111, 112
ゲルマン(祖)語	92
ゲルンディーウム(gerundivum)	68
原因	24, 59, 87, 88
原級	81, 82, 84
現在	34, 48, 51, 53, 64, 87, 106, 111
現在完了	34, 46, 51, 55, 87, 106, 111
現在完了形	51
現在完了時制	51, 52, 53
現在形	37, 38, 51, 86, 109
現在語幹	34
現在時制	4, 86, 111
現在進行形	4
現在人称変化	1, 3, 4, 17, 18, 19, 35, 66
現在分詞	74, 75, 76, 78, 86
現時点	4
現実性(real)	109
現象	90
現象文	90
限定	71, 98

行為	4, 17, 86
行為者	86, 87, 92
行為・状態	48, 54
行為動詞（Handlungsverb）	17, 52
行為の対象	7
後悔・非難	113
交換	25
交替	18, 80
口語	30, 53, 89, 110, 111
後時	58
後続する名詞	43
後置	98
後置詞	63
構文	7, 63, 94
語句	58
語形	107
語形変化	9, 10, 23, 24, 29, 102
語幹	1, 3, 18, 35, 47, 66, 105
語幹（の）母音	47, 101
語順	5, 40, 58, 61
個体	15
語中の母音 -e-	24
語頭	2, 57
語尾	1, 3, 13, 18, 29, 40, 41, 42, 48, 66, 68, 74, 80, 92
語尾変化	7, 40, 82, 83
コプラ（繋辞）	41
語末	10
小文字書き	93
固有名詞	14, 99
混合変化	41, 42, 43, 75, 76, 77, 110
混合変化動詞	47
混在	25

サ行

-s- 型	13
差異	25
再帰代名詞	92, 93, 94
再帰的	92
再帰動詞	76, 92, 94
最上級	80, 81, 82, 83, 84
最上級熟語的用法	83
最上級絶対的用法	83, 84
sein 支配	52, 53, 74, 76
sein+ zu 不定詞	68, 71, 78
先取り	60, 70, 99
作用	7
3格	7, 8, 10, 13, 25, 26, 87, 88, 93, 94, 99, 101
3格支配	22, 25
3格目的語	7
3基本形	46, 47, 64, 65
産出	7
3人称	2, 3, 18, 35, 36, 93, 105, 110
3・4格支配	25
子音	3, 34

使役動詞	37, 53, 61
示格用法	14
時間	40, 46, 51
時間軸	46, 48, 51
時間制	20
時間・年齢の形容詞	40
色彩	40
色彩の形容詞	40
事後	25
時刻	20, 106
自己認識	93
支持	25
指示	14, 15, 101
指示代名詞	12, 29, 30, 97, 100, 101
指示的用法	12
事実	105
事象動詞（Vorgangsverb）	17, 52
時制	46, 48, 109
自然現象	89
自然発生的	92
指定	97
時点	25, 51
自動詞	52, 53, 63, 74, 76, 77, 88, 94
支配	24, 25, 63, 68
事物	5, 8, 9, 14, 26, 30, 99, 102
事物・生物	32
使用頻度	80
scheinen+ zu 不定詞	71
弱変化	41, 43, 74, 75, 76, 77
弱変化（規則）動詞	47, 48, 66, 110
弱変化名詞	10
習慣的行為・状態	4
集合名詞	14
終止相	51
修飾	40, 41, 98
修飾用法	40
従属	57
従属接続詞	57, 58, 59, 60, 98, 111
従属文	58
受益受動	86, 88
主格	60, 61
主観的判断	35
主観的（用法）	72, 105
習慣的	4
習慣相	51
熟語的	84, 94
熟語動詞	15
熟語表現	44, 77, 90, 93
主語	1, 2, 7, 17, 41, 68, 70, 77, 86, 87, 89, 90, 93, 94, 111
主語の状態	88
述語	7, 41, 68, 70, 99
述語形容詞	32
述語的用法	15, 40, 41, 78, 82
述語内容語	7
述語名詞	32
主体	17

手段	25, 58, 60, 87, 88
受動	68, 86, 89, 92
受動態	17, 86, 87, 88
受動の完了不定詞	89
受動の不定詞	89
受動文	88
主文	58, 59, 61, 64, 77, 98, 99, 107, 112
主張	37
種類	97
瞬間相	51
上位	25
照応的	30
条件	58, 59, 111
条件文	57
上昇調	5
状態	4, 17, 19, 32, 51, 88
状態受動	74, 86, 88
状態動詞（Zustandsverb）	17, 51, 66
焦点	30, 87, 88, 97
情報の重要性	59
譲歩・認容	58, 59, 107
省略	43, 66, 70, 88, 100
除外	25
職業	15, 32
助詞（日本語）	7, 10, 12, 23
初出	15
叙述性	60
序数	19, 20
女性	9, 41, 98, 101
女性名詞	9, 10, 23, 24, 29, 41, 42, 43
所属	28
所属部類	15
助動詞	34, 37, 46, 52, 53, 54, 61, 68, 69, 89
所有（関係）	7, 8, 83
所有冠詞	23, 31, 102
所有の与格	92, 94
所要時間	25
種類	28
進行形	51, 74
真実	60, 70
親称	2
心態詞	35, 66
身体部位	94
心的態度	66
遂行者（Agens）	17
垂直	22
水平	22
推量	36, 38, 46, 55, 112
数	2, 5, 8, 14, 31, 32, 69, 93, 98, 99, 101, 102
数詞	19
数量	19
筋の展開	49
性	2, 8, 9, 31, 32, 93, 98, 99, 101, 102
制限的用法	98, 99
性質	19
精神	40

精神の形容詞 … 40	短母音 … 18	同等比較 … 82
生理現象 … 89, 90	知覚 … 40	時 … 5, 58, 98, 100
絶対的用法 … 83, 84	知覚動詞 … 37, 53, 61, 68	時の副詞 … 38
接続 … 104	知覚の形容詞 … 40	特定 … 14, 28, 97
接続詞 … 57, 58, 59	地点・部位 … 25	独立用法 … 112
接続詞省略 … 57	仲介 … 25, 87, 88	
接続法 … 34, 57, 104, 105, 109	抽象概念 … 14	**ナ行**
接続法Ⅰ式 … 104, 105, 106, 109	抽象的・知識的レベル … 12	
接続法Ⅱ式 … 104, 109, 110, 111, 113	抽象名詞 … 14, 32	-n-型 … 13
接触 … 22, 25	中性 … 8, 9, 41, 42, 43, 44, 89, 98, 100, 101, 102	2格 … 7, 8, 10, 12, 18, 24, 29, 42, 43, 98, 99, 101
接尾辞 … 47, 80, 81	中性名詞 … 9, 10, 23, 24, 29, 41, 42, 43, 68	2格支配 … 24
接頭辞 … 47, 64, 74	中動態 … 86, 92	2人称 … 2, 3, 36, 48, 93
先行詞 … 97, 98, 99, 100	長母音 … 18	日本語 … 10, 12, 46, 109
前時 … 59	直示的 … 30	人称 … 1, 2, 5, 69
漸進的程度 … 83	直説法 … 37, 106, 109, 110	人称語尾 … 3, 48, 105, 110
前置詞 … 8, 22, 24, 25, 26, 32, 60, 63, 68, 71, 84, 87, 88	直接話法 … 106, 107	人称代名詞 … 1, 2, 7, 8, 26, 30, 40, 93, 101
前置詞句 … 32, 37, 53, 54, 55, 112	追加的 … 99	人称変化 … 1, 3, 105, 110
前置詞の格支配 … 24	zuのない不定詞 … 68, 69	認容 … 113
前置詞の融合形 … 26	zu不定詞 … 68, 69, 71	値段 … 20
前置詞目的語 … 60, 70	zu不定詞（形容詞的用法） … 70	年号 … 20
前提 … 60, 70	zu不定詞（副詞的用法） … 71	能動 … 68
前提部 … 111, 112	zu不定詞（名詞的用法） … 70	能動態 … 87, 92
前文 … 100	zu不定詞の熟語的用法 … 71	能動的意味 … 76
全文否定 … 32	定冠詞 … 12, 13, 26, 29, 31, 41, 43, 82, 97, 101	能動文 … 87, 88
洗礼名 … 2	定冠詞の語尾 … 29	
相 … 51	定冠詞類 … 10, 28, 29, 31, 41, 43	**ハ行**
相関的接続詞 … 58, 61	定形 … 64	
相互的 … 94	定形後置 … 57, 58, 98	haben支配 … 52, 53
総称的 … 14, 15	定形正置 … 57, 58, 107	haben+ zu不定詞 … 71
想像・仮定 … 104, 105	定形倒置 … 57, 61	倍数 … 82
相対的 … 97	定動詞 … 5, 9, 60, 64, 98	バックシフト … 109
速度 … 40	定動詞第一位 … 5	場所 … 5, 100
速度の形容詞 … 40	定動詞第二位 … 5	発話 … 35, 105
属格 … 7	定関係代名詞 … 98	発話時 … 48, 53, 54, 86
存在物 … 92	提示 … 14	話し言葉 … 26, 46, 51, 110
存在文 … 90	丁寧 … 112	派生 … 63, 65
	出来事 … 17, 53, 55, 99	反語的疑問文 … 113
タ行	出来事の報告 … 49	反対 … 25
	天候 … 89	判断基準 … 25
第1位 … 5, 57	点的 … 51	反復相 … 51
第2位 … 5, 57	同一条件 … 83	非意図的 … 17
対格 … 68	同格的 … 44	控えめな主張 … 112
対象 … 7, 12, 30	動作 … 17, 51, 74, 75, 93	比較 … 80
対象の変容 … 7	動作時 … 48, 53, 54, 87	比較級 … 40, 80, 81, 82, 83, 84
代名詞 … 2, 26, 29, 89, 93, 97, 102	動作受動 … 86, 87	比較級熟語的用法 … 83
代用 … 102	動作態様（Aktionsart） … 51	比較級絶対的用法 … 83, 84
代理 … 25	動作の受け手（Patiens） … 87	比較級不規則形 … 81
脱落 … 18, 24	動作の主体（Agens） … 25, 87, 88	比較表現 … 82
他動詞 … 7, 63, 74, 76, 78, 94	動詞 … 1, 3, 4, 7, 8, 15, 17, 18, 19, 32, 34, 51, 52, 57, 63, 66, 68, 69, 74, 75, 90, 94, 104, 110, 111	非過去 … 46
単数 … 1, 2, 3, 4, 8, 18, 23, 24, 29, 35, 41, 42, 43, 48, 52, 54, 55, 94, 98, 101, 105, 110		非現実 … 105, 109
単数形 … 7, 8, 9, 14, 24, 30, 35, 42, 92, 102		非現実性（irreal） … 109
男性 … 9, 41, 42, 98, 100, 101	同時 … 59	非現実話法 … 104, 109, 111
男性弱変化名詞 … 10	当然 … 34	非制限的用法 … 99, 100
男性名詞 … 9, 10, 23, 24, 29, 41, 42, 43	到達（点） … 25, 53	非断定 … 37
断定 … 37	倒置 … 57, 111	必然的 … 34
		必然・必要 … 36

否定 ………………… 28, 32, 70, 112	文語 ………………………… 89, 98	命令 ……………………………… 38
否定冠詞 ……………………… 23, 32	分詞 …………… 68, 69, 74, 75, 76, 77	命令口調 ………………………… 66
否定文 ………………………… 28, 32	分詞構文 …………………… 76, 77	命令形 …………………………… 64, 107
人 …………………… 5, 8, 26, 31, 99, 102	文頭 …………………………… 87, 99	命令法 …………………… 17, 63, 65, 66
人名 ……………………………… 99	文中 …………………… 40, 68, 70, 90	命令 ……………………………… 38
被成目的語 ……………………… 7	文法カテゴリー（範疇） ………… 12	命令・要求 ……………………… 66
被動作主（Patiens） ……………… 7	文末 ……… 15, 35, 37, 52, 54, 64, 66, 87, 88	目的 …………………… 25, 58, 59, 68, 71
被動目的語 ……………………… 7	文脈 …………………………… 14, 15	目的語 …… 2, 7, 8, 15, 17, 22, 28, 32, 57,
非人称（代名詞）es … 60, 70, 88, 89, 90,	分離 ……………………………… 64	60, 68, 69
94, 99	分離・起点 …………………… 25, 64	目標（点） ……………………… 22, 25
非人称熟語 ……………………… 90	分離動詞 ………………… 63, 64, 65	
非人称動詞 …………………… 17, 89	分離・非分離動詞 ………………… 65	**ヤ行**
非分離動詞 …………… 47, 63, 64, 65	分類 ……………………………… 28	
比喩的・抽象的 ……………… 63, 65	平叙文 …………………………… 5	融合形 ………………………… 26, 70
評価 …………………… 28, 40, 80	並列 ……………………………… 57	猶予 ……………………………… 112
評価の形容詞 …………………… 40	並列接続詞 ……………………… 57	容認可能 ………………………… 59
表面の接触 …………………… 22, 25	変化 ……………………………… 2, 4	要求話法 ……………… 104, 107, 109
比例の程度 ……………………… 83	変化語尾 ………………………… 9	様態 …………………… 5, 58, 60, 98, 100
不確実な推量 …………………… 112	変化者 …………………………… 17	与格 ……………………………… 7
付加語 …………………… 70, 75, 98	変容 …………………………… 86	欲求・願望 ……………………… 36, 37
付加語の用法 …… 31, 40, 41, 75, 76, 78, 82,	母音 ……………… 10, 18, 26, 34, 35, 47, 110	予定 ……………………………… 25, 36
83, 101	法 …………………… 35, 69, 104, 105	予定・予想期間 ………………… 25
不可算名詞 ……………… 14, 30, 42	方向 …………………… 22, 25, 37, 52	ヨーロッパ古語 ………………… 40
不規則 ……………………… 80, 81	報告 …………………………… 48, 49	4格 ……… 2, 7, 8, 10, 22, 26, 41, 68, 93, 99,
不規則動詞 …………… 17, 18, 105	補充形 …………………………… 80	100, 101
複合動詞 ………………………… 64	補足疑問文 ……………………… 5	4格支配 ………………… 20, 22, 63
複個数 …………………………… 30	補足語 …………………………… 8	4格目的語 …………… 60, 61, 63, 70, 87, 88, 90
副詞 ……… 4, 22, 37, 53, 54, 55, 57, 61, 63,	本動詞 …………………………… 37	
69, 76, 77, 84, 86, 98, 112		**ラ行**
副詞的従属接続詞 ……………… 58	**マ行**	
副詞的対格 ……………………… 22		利害（関係） …………………… 92, 93
副詞の接続詞 ………………… 58, 61	前つづり ……………… 47, 63, 64, 65	理由 …………………… 58, 87, 88, 98, 100
副詞の用法 …………… 71, 75, 76, 77	未完了体 ………………………… 51	隣接 ……………………………… 22
複数 ……… 1, 2, 3, 4, 8, 9, 13, 18, 23, 24, 29,	未知 …………………………… 15, 59	類型 ……………………………… 97
35, 41, 42, 43, 48, 52, 54, 55, 94,	未来 ……………… 4, 34, 38, 46, 87, 106, 111	類推 ……………………………… 34
98, 101, 105, 110	未来完了 ……………… 46, 55, 87, 106, 111	歴史的叙述 ……………………… 49
複数形 …………… 1, 12, 13, 24, 30, 32, 35, 102, 104	未来完了時制 …………… 52, 54, 55, 89, 111	
副文 …… 54, 57, 58, 59, 60, 61, 64, 98, 104, 112	未来形 …………………… 34, 38, 68, 86	**ワ行**
不随意的 ……………………… 25, 94	未来時制 ……………… 34, 37, 69, 86, 89, 111	
付帯事情 ………………………… 77	未来の助動詞 …………………… 89	枠構造 …………………… 35, 52, 54, 64
普遍の概念 ……………………… 99	未来分詞 ……………………… 75, 78	話者 …………………………… 36, 66, 112
普通名詞 ………………………… 22	無冠詞 ………………… 14, 15, 28, 32, 71, 84	話者の態度 …………………… 37, 105
物質名詞 ……………………… 14, 32	無語尾 …………………………… 9	話題 …………………………… 14, 101
不定関係代名詞 ………………… 99, 100	無語尾型 ………………………… 13	話法 ……………………………… 35
不定冠詞 … 9, 12, 13, 15, 28, 32, 42, 43, 90, 97	無生物 ………………………… 9, 87, 89	話法的意味 ……………………… 38
不定冠詞類 ……………… 8, 9, 22, 23, 42, 43	無変化 ……………… 7, 40, 82, 102	話法の助動詞 ……… 2, 34, 35, 36, 37, 48, 49, 52,
不定形 …………………… 64, 68, 69, 75	名詞 … 7, 9, 12, 13, 14, 15, 19, 30, 32, 40, 41,	61, 89, 105
不定詞 ……… 3, 34, 35, 37, 46, 47, 48, 53, 54, 61,	42, 43, 63, 68, 69, 70, 71, 75, 97, 101	
64, 66, 68, 69, 74, 75, 86, 95, 104,	名詞化された形容詞 ……………… 43	
105, 109, 110, 113	名詞化された不定詞 ……………… 69	
不定詞句 ……………………… 69, 72	名詞句 …………………… 13, 24, 29	
不定代名詞 …………… 29, 44, 97, 102	名詞的従属接続詞 ……………… 60	
不等 …………………………… 82	名詞的独立用法 ………………… 101	
不特定 ……………… 15, 28, 88, 97, 102	名詞的用法 …………… 31, 43, 75, 76, 77, 100	
部分否定 ………………………… 32	名詞的用法熟語表現 ……………… 44	
普遍の概念 ……………………… 99	名詞（の）付加語 ………………… 70	
brauchen+ zu不定詞 ……………… 71	明示 ……………………………… 15	

コトバ そして ドイツ語文法

検印省略	©2015 年 1 月 15 日　初 版 発 行
	2023 年 1 月 30 日　3 刷 発 行
	©2025 年 1 月 30 日　第 2 版発行

著　者　　　　　　　　齋　藤　治　之

発行者　　　　　　　　小　川　洋一郎

発行所　　　　　　株式会社 朝日出版社
〒101-0065 東京都千代田区西神田 3-3-5
TEL (03) 3239-0271・72（直通）
振替口座　東京 00140-2-46008
https://www.asahipress.com
メディアアート／TOPPANクロレ

乱丁・落丁本はお取り替えいたします。
本書の一部あるいは全部を無断で複写複製（撮影・デジタル化を含む）及び転載することは、法律上で認められた場合を除き、禁じられています。
ISBN978-4-255-25487-6　C1084

LINE クリエイターズスタンプ 全40種

ドイツ語を話す偉人スタンプ 《訳・読み方付》

ドイツ語を話す偉人たちのスタンプで、
役立つドイツ語のフレーズを覚えましょう。
意味だけでなく、読み方やアクセントも
ひと目でわかります。

https://line.me/S/sticker/1684258

Gute Idee!
グーテ イデー
良い考えだね！
©2017 Asahi Press

増補改訂版 初級者に優しい独和辞典

今ドイツ人が日常使っている言葉で学ぶ学習辞典

早川東三
伊藤眞
Wilfried Schulte ＝著

B6変型判／750頁／
2色刷／発音カナ表記／
見出し語15,000

定価
[本体2,800円＋税]

独学！わかるぞドイツ語 CD付

これさえあれば独りでドイツ語がマスター出来る！

岡田朝雄＝著　A5判／240頁
定価[本体2,400円＋税]

●目と耳で効率的に学ぶ！

ドイツ語 電子単語帳

基礎約500語を厳選！　無料！

ここからスタート

（株）朝日出版社 第一編集部　　〒101-0065 東京都千代田区西神田 3-3-5　TEL：03-3239-0271